Mandala-Malbuch für Erwachsene

Über 100 Mandala-Designs für die Konzentration und den Stressabbau, mit Tieren, Blumen, Formen, Mustern und mehr

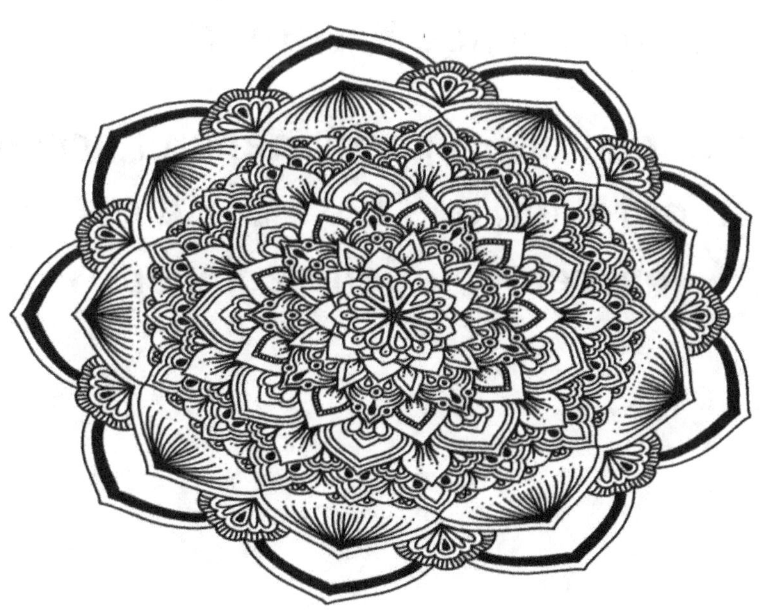

Mandalas ausmalen

Das Färben von Mandalas versteht sich als eine Übung für das innere Zuhören, des Daseins im Augenblick - "hier und jetzt".

Eine Übung der Konzentration, des Gleichgewichts, der Toleranz, der Meditation, der Selbstheilung, der Selbstentfaltung und der Verbindung zum Kern unserer Seele.

Das Mandala ist eine Schöpfung, deren wesentliche Eigenschaft es ist, zu geben und zu lieben, ohne Ego oder Bindung. Das Färben von Mandalas eignet sich sehr gut, um die in uns schlummernde Kreativität freizusetzen.

Wir hoffen, Sie Ihnen die verschiedenen Formen und Muster in diesem Buch gefallen, und dass Sie die Reise zu Ihrem inneren Frieden beginnen!

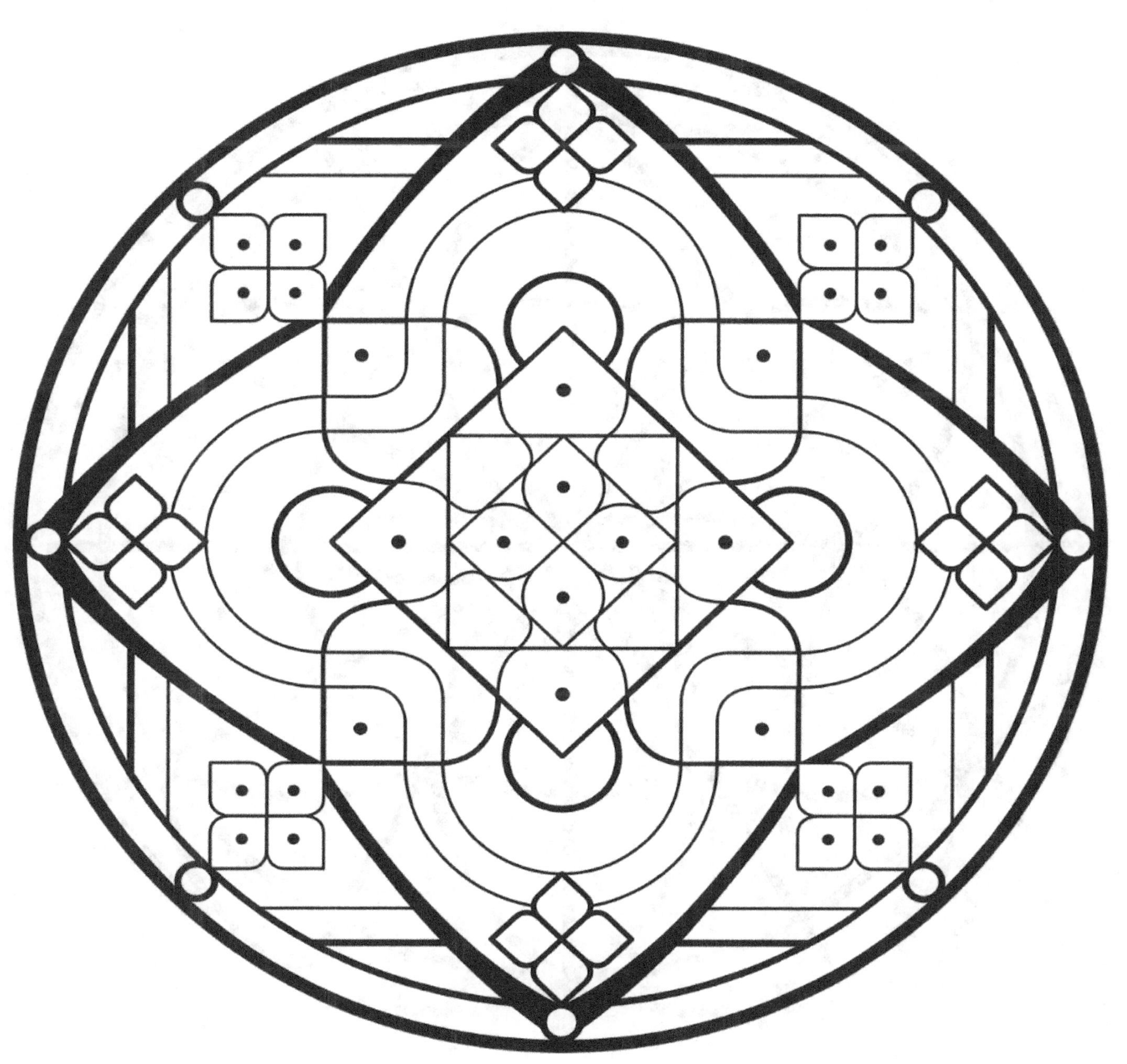

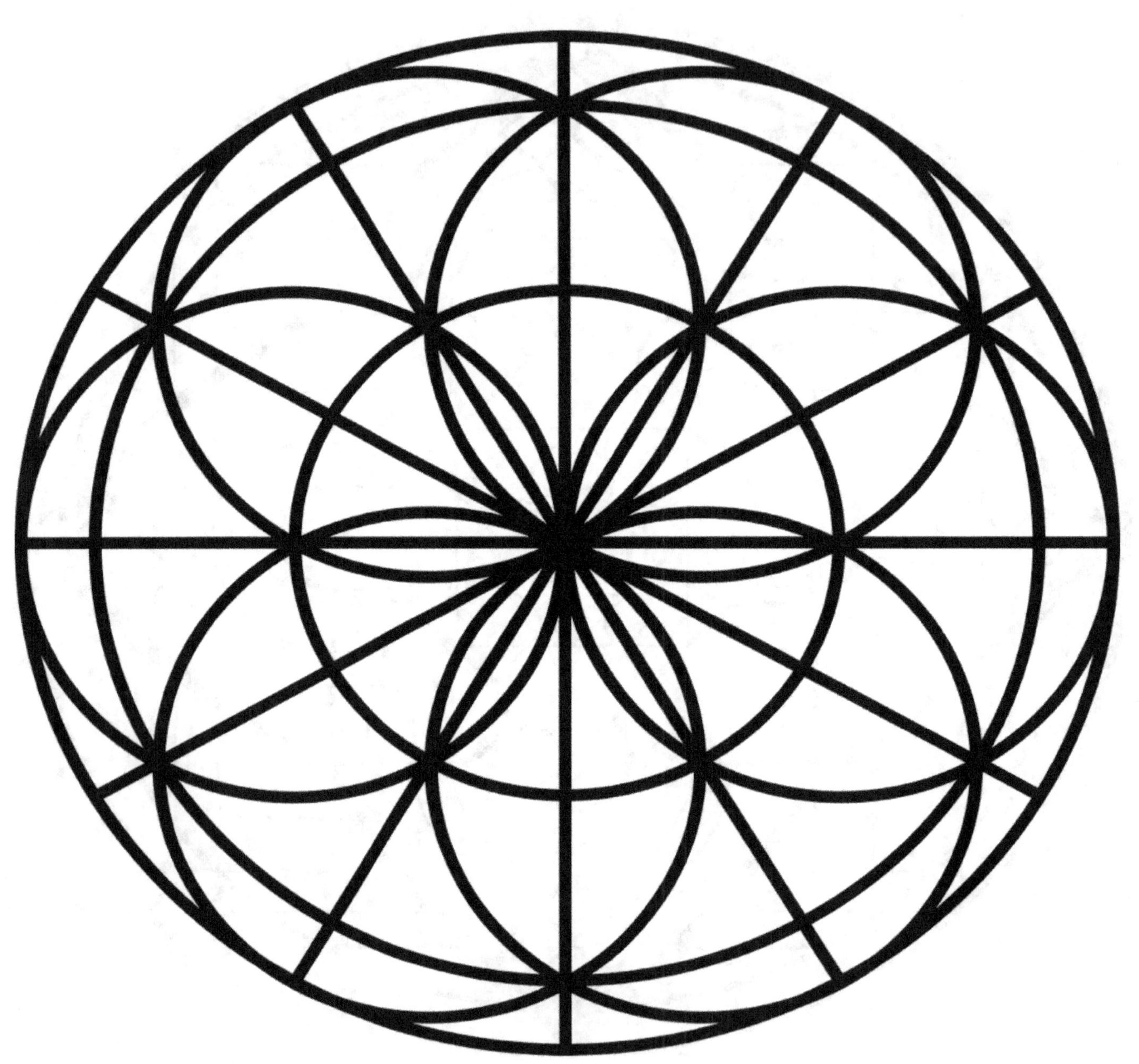

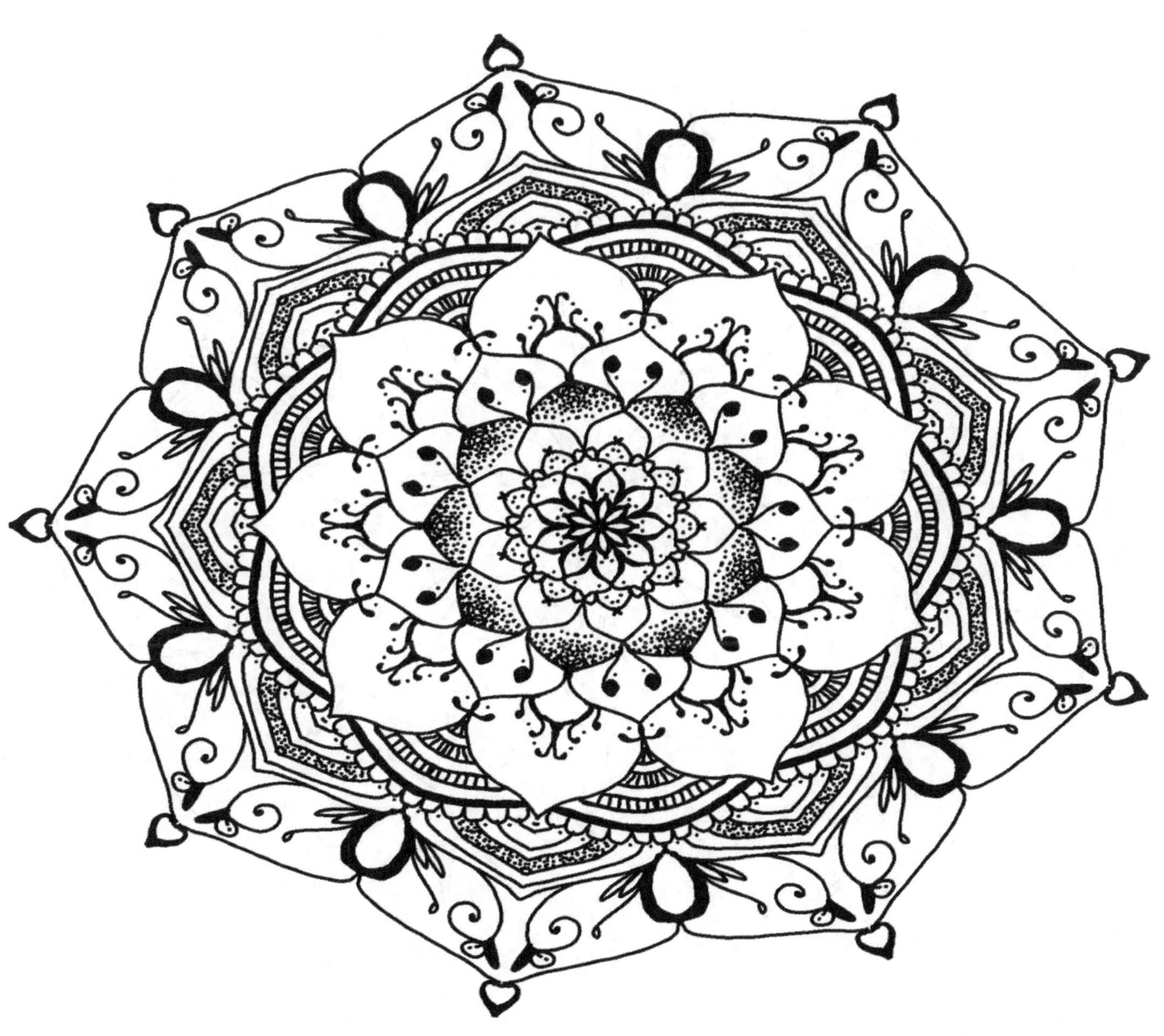

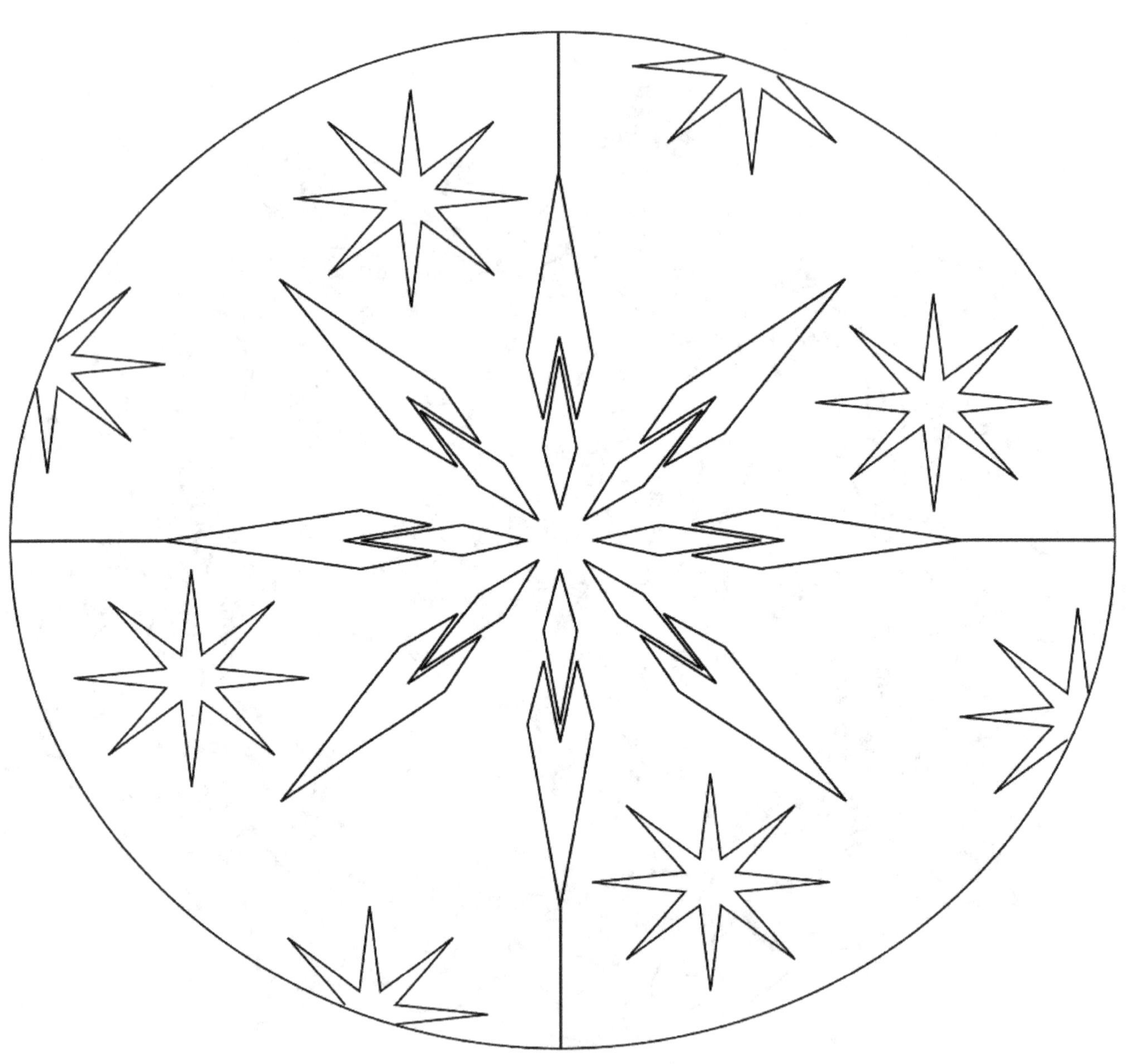

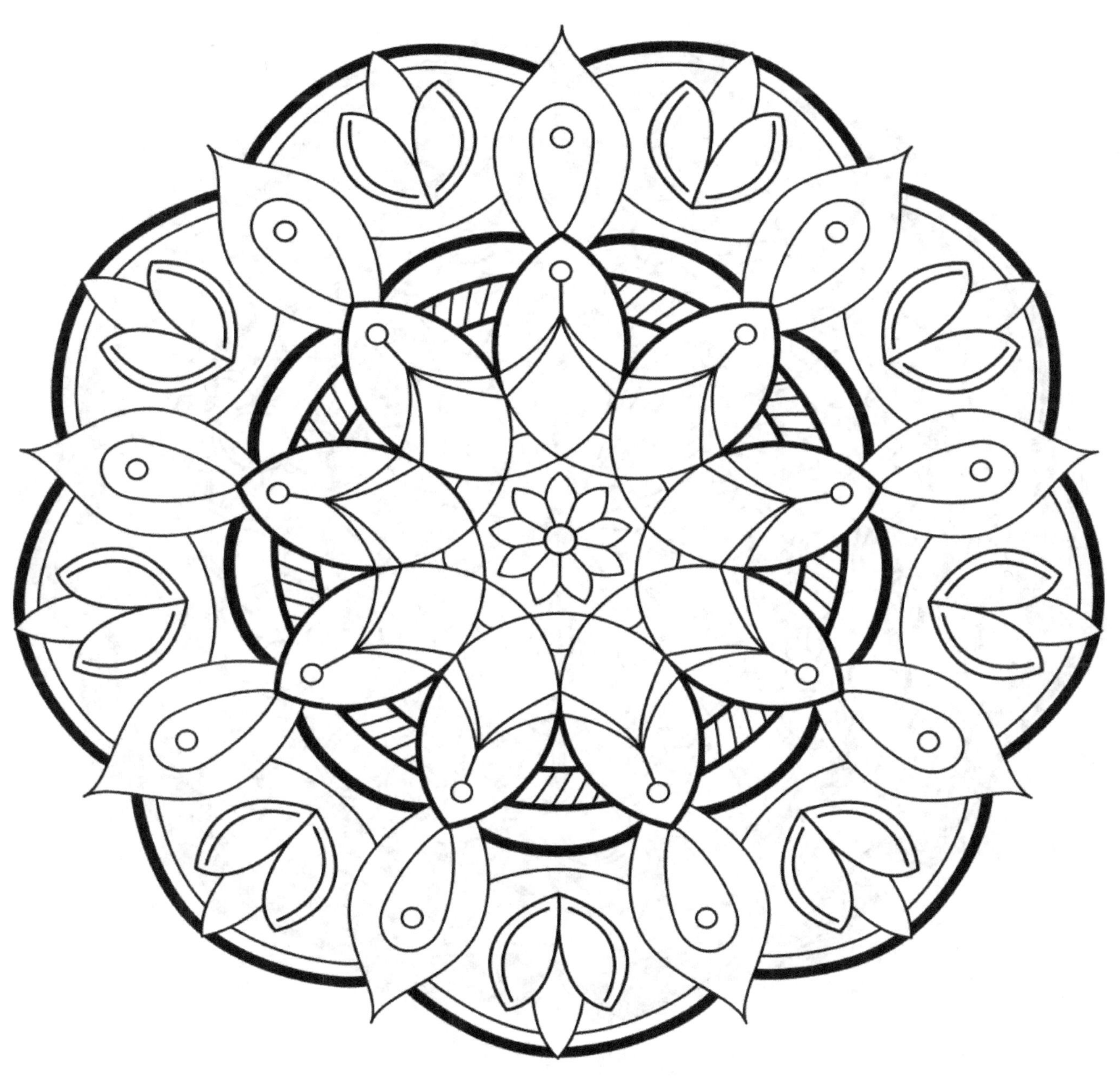

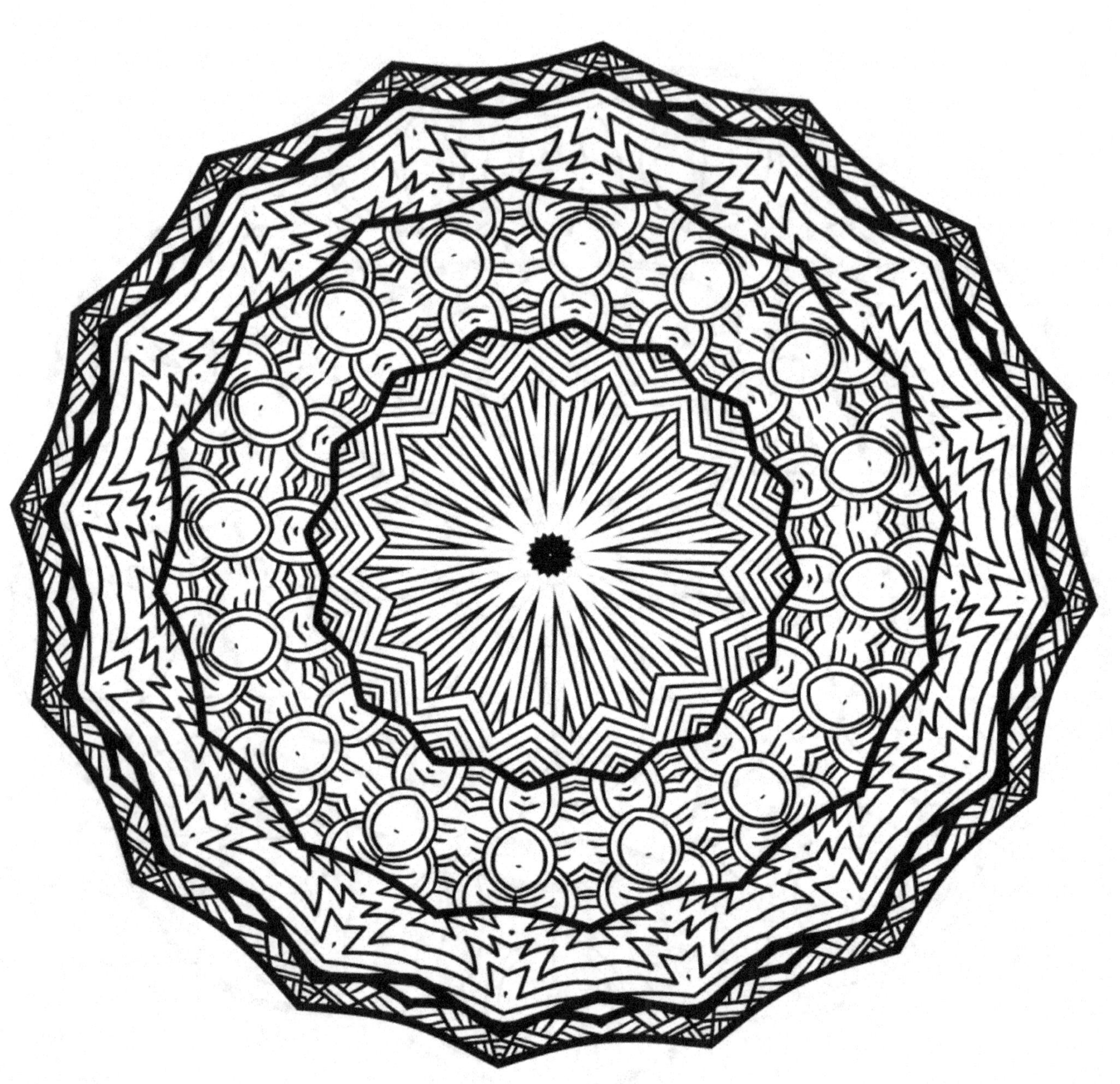

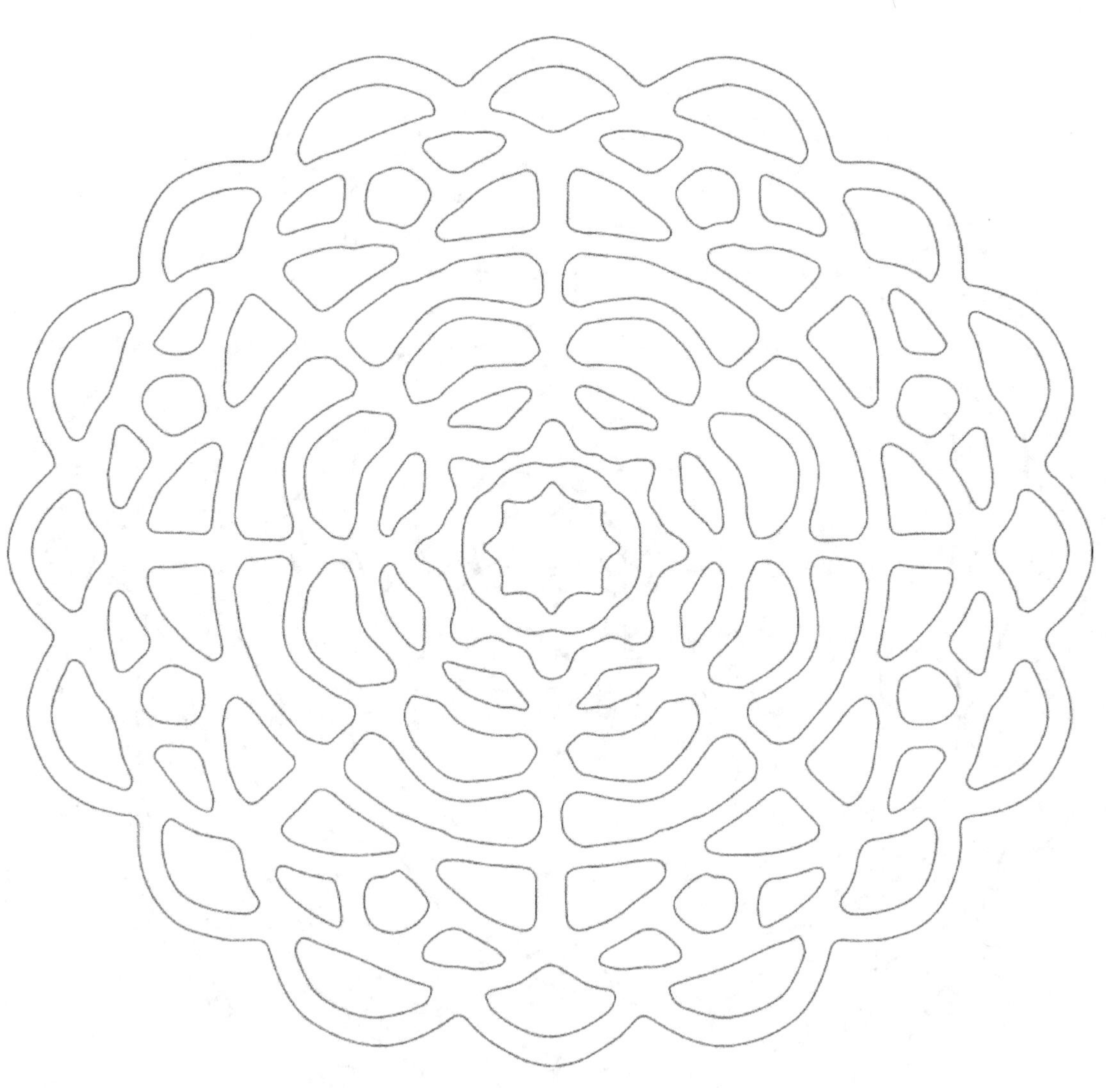

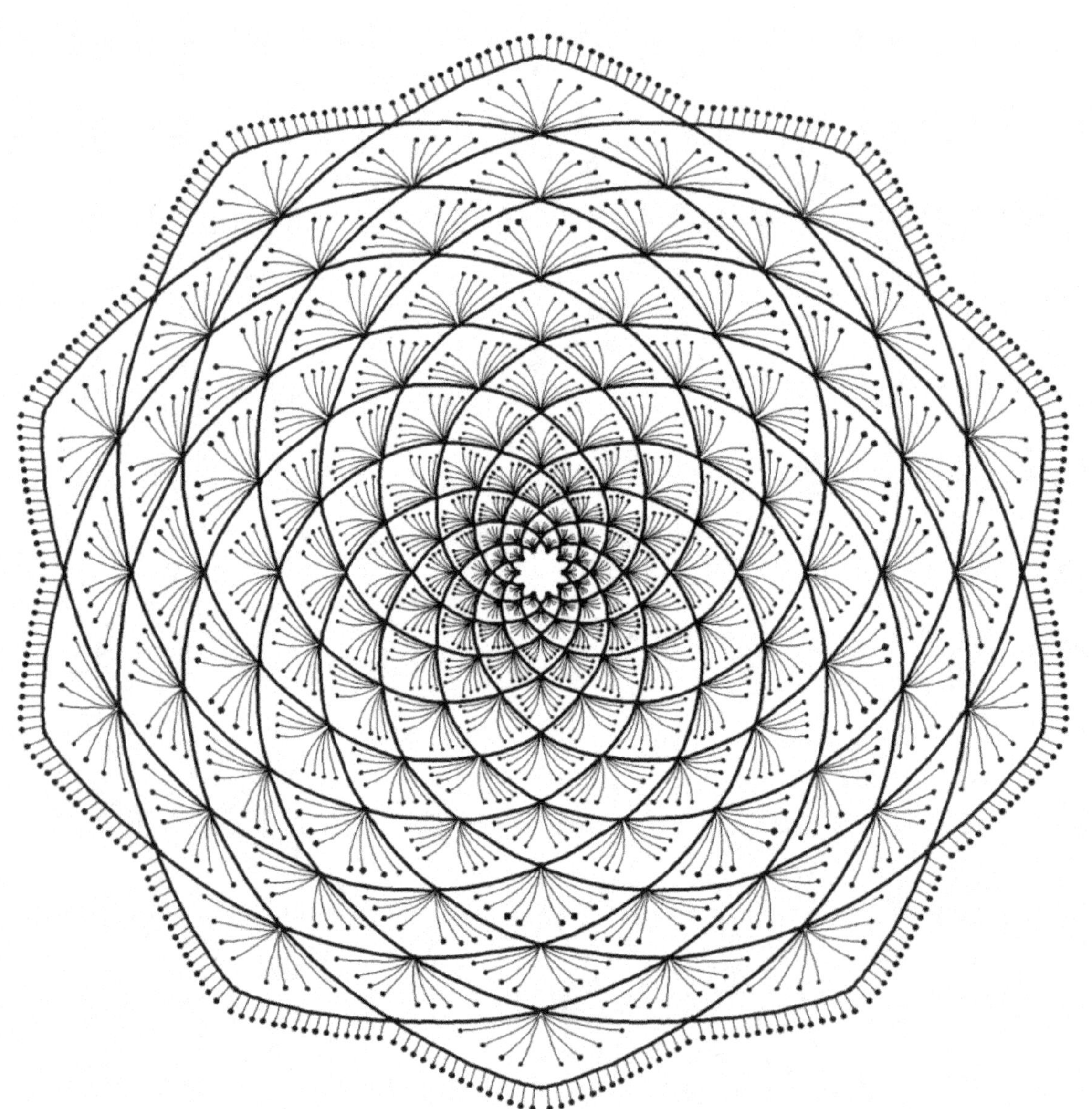

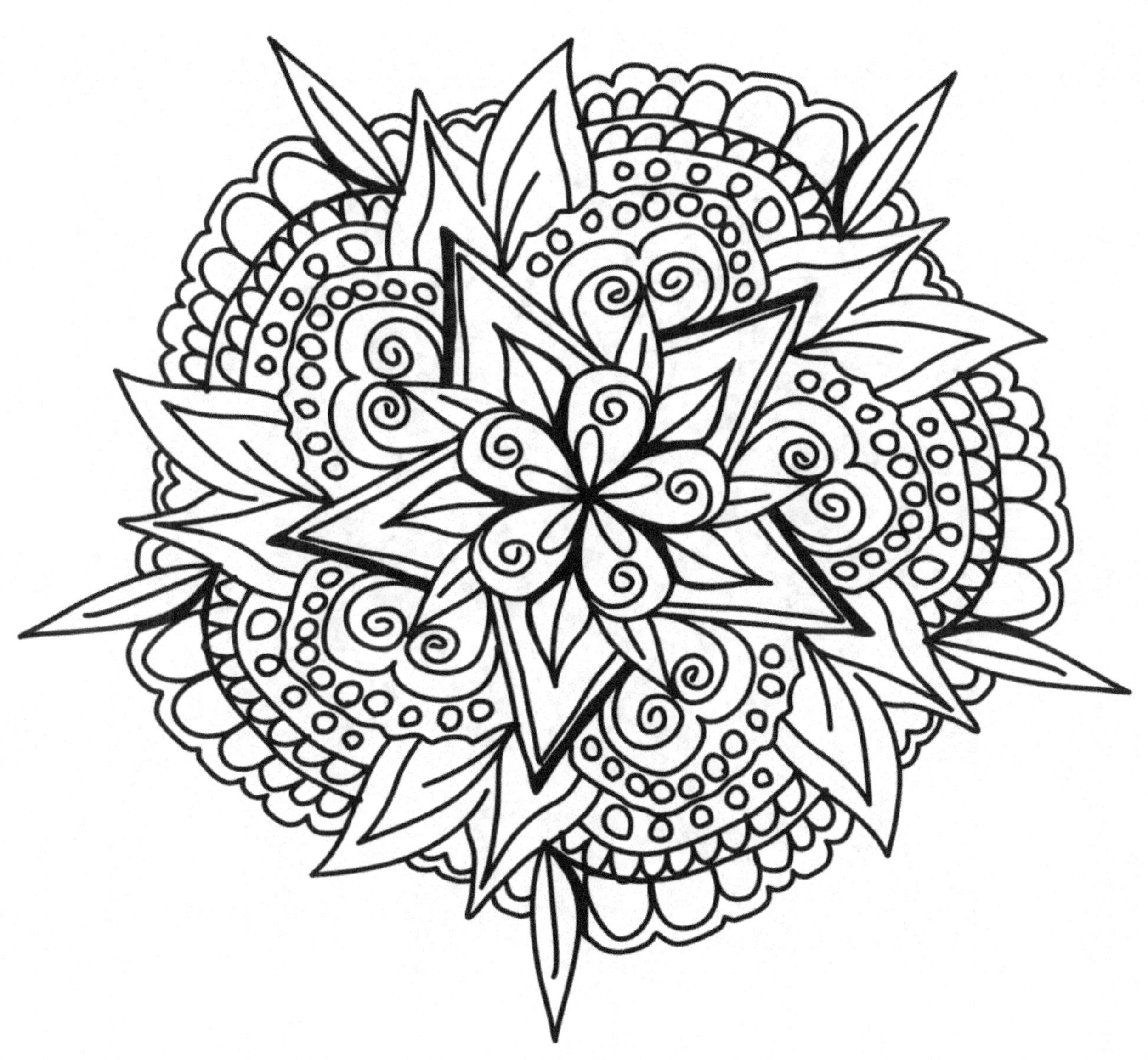

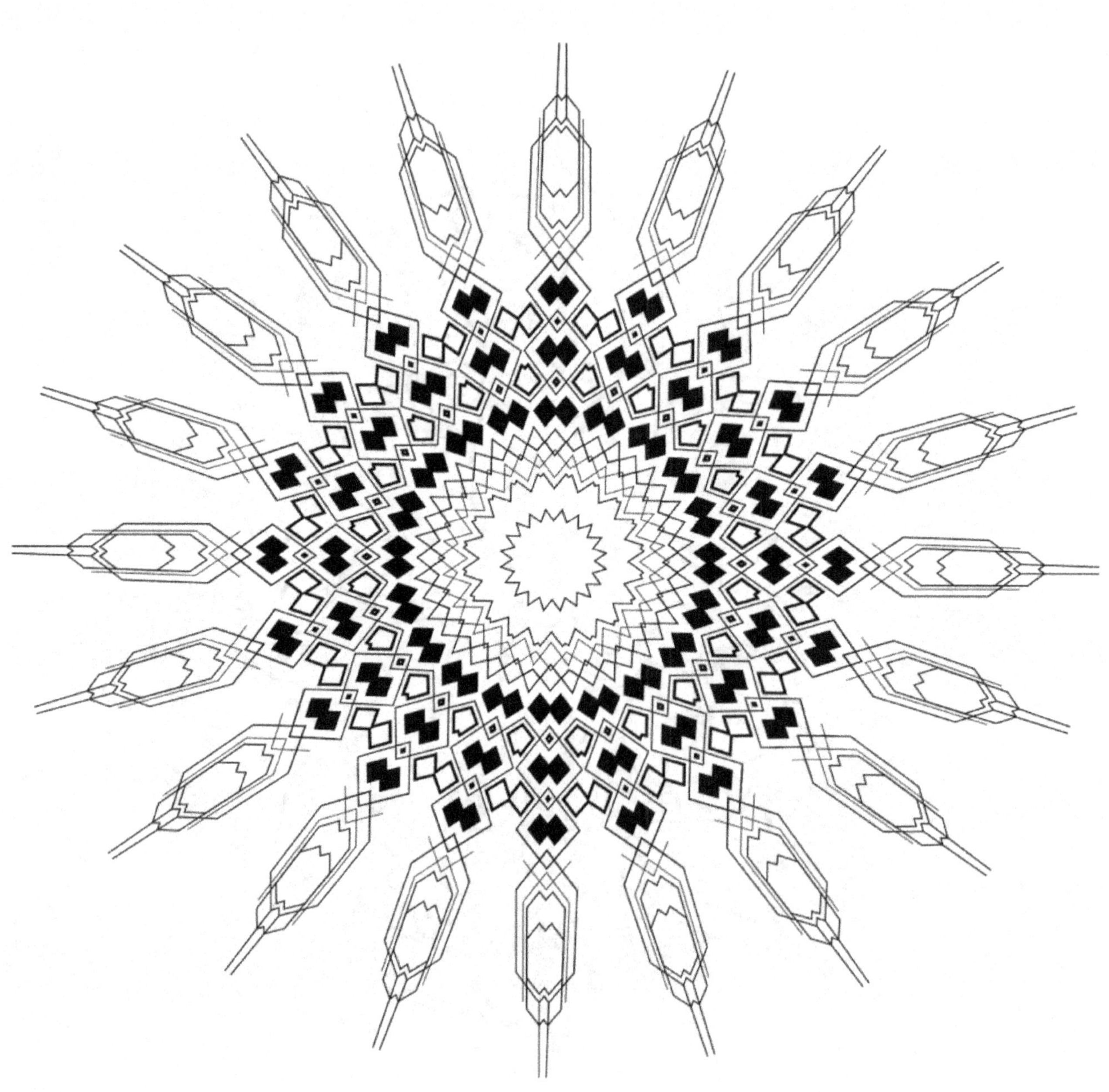

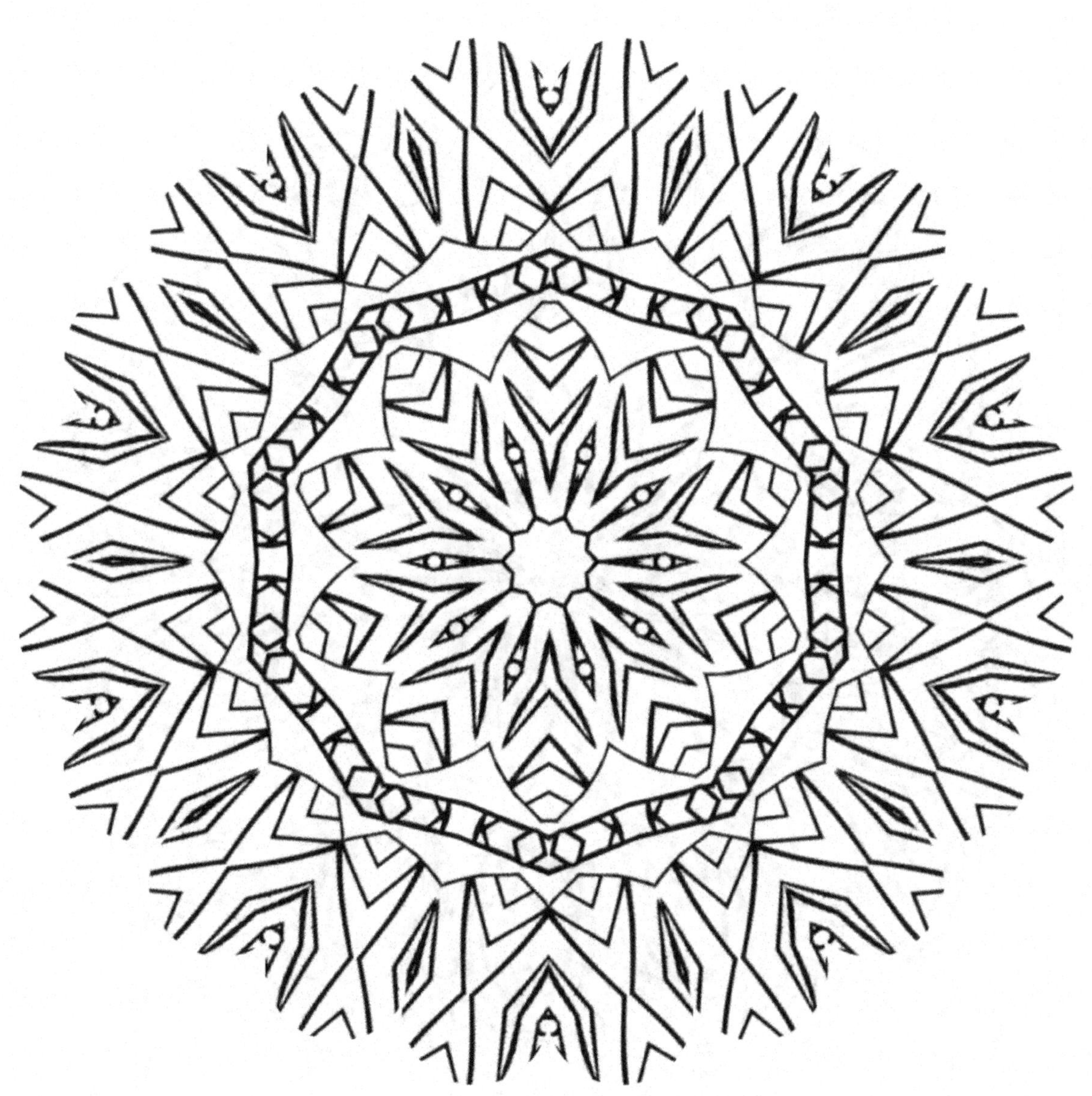

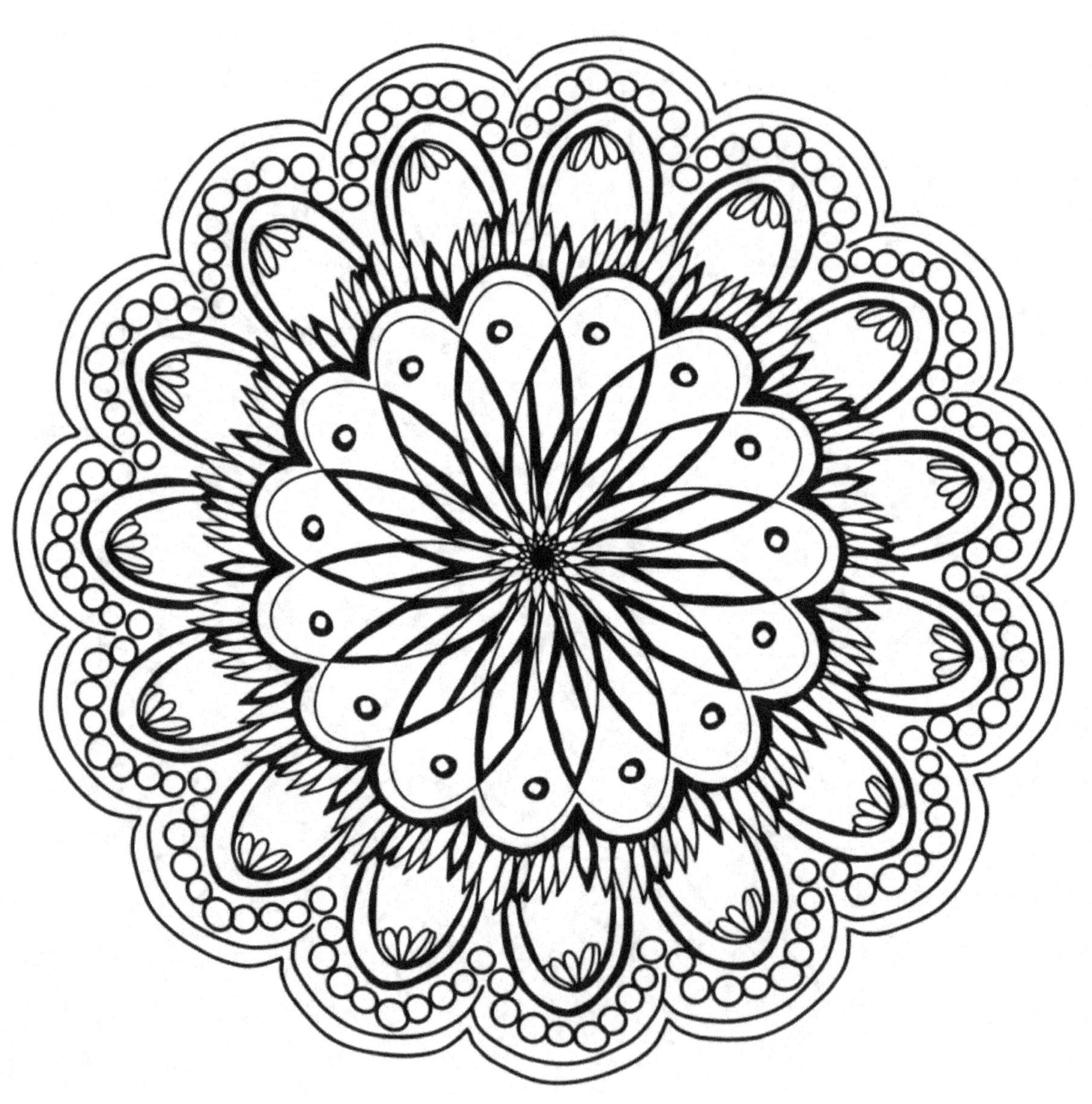

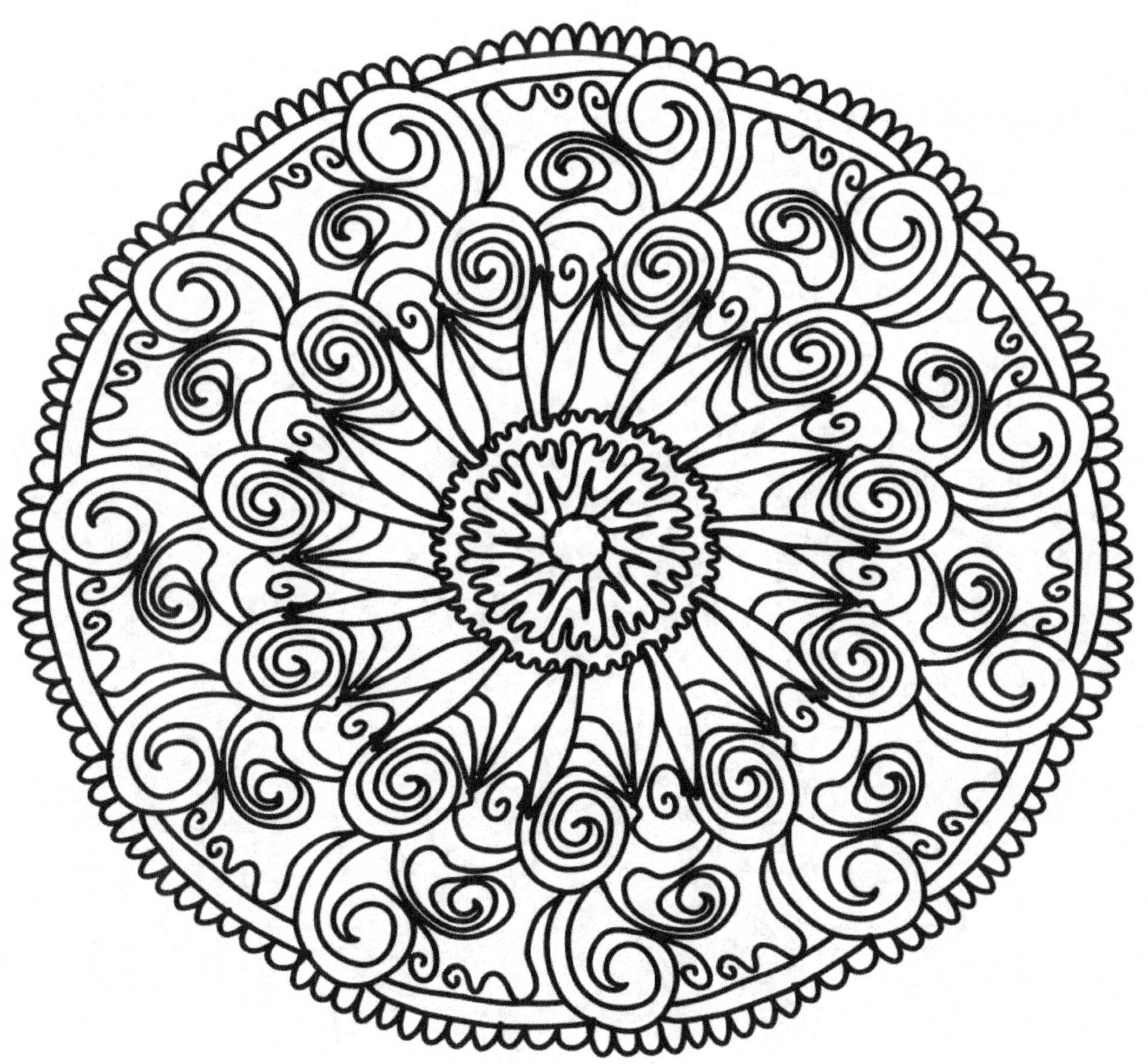

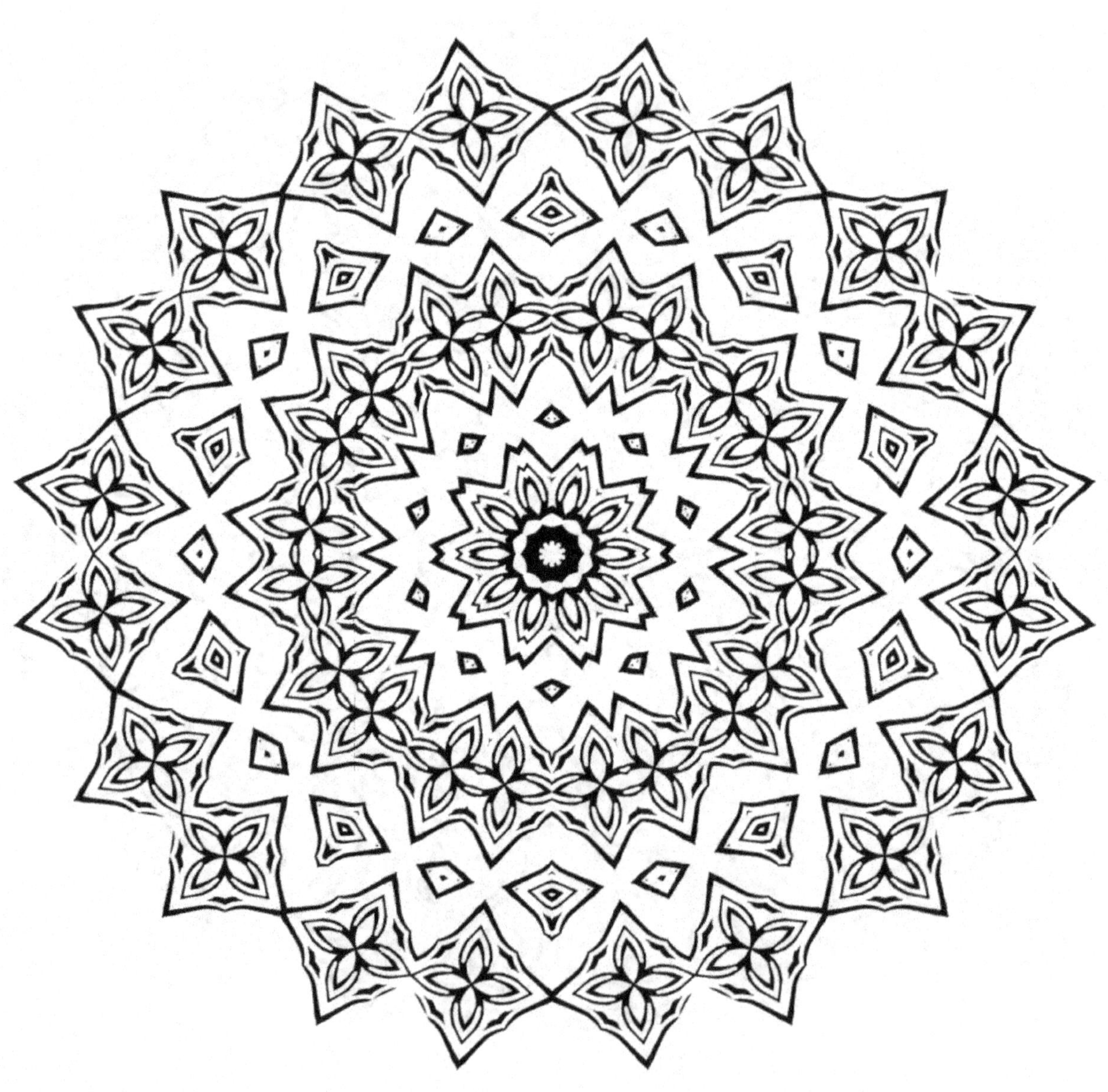

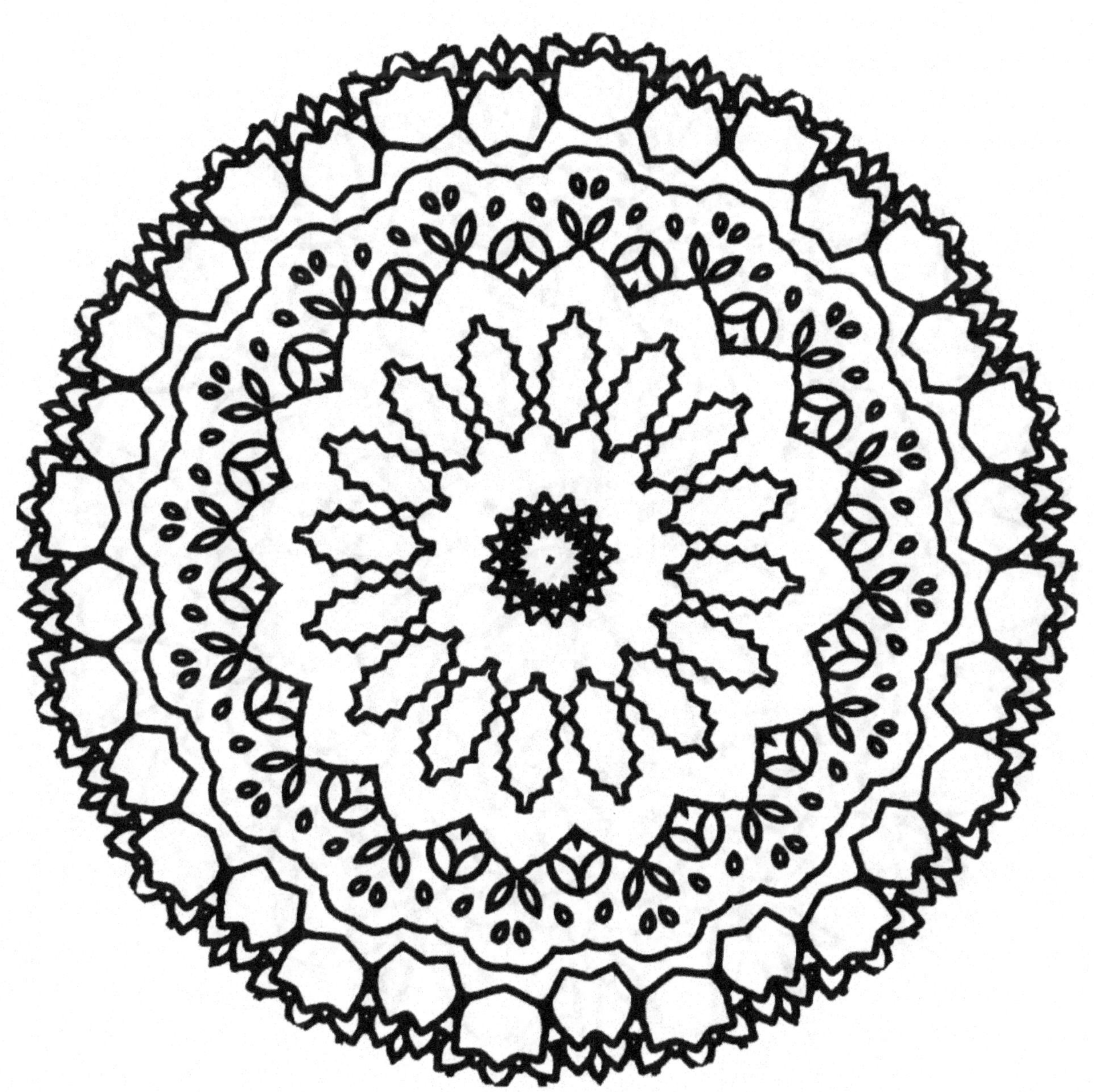

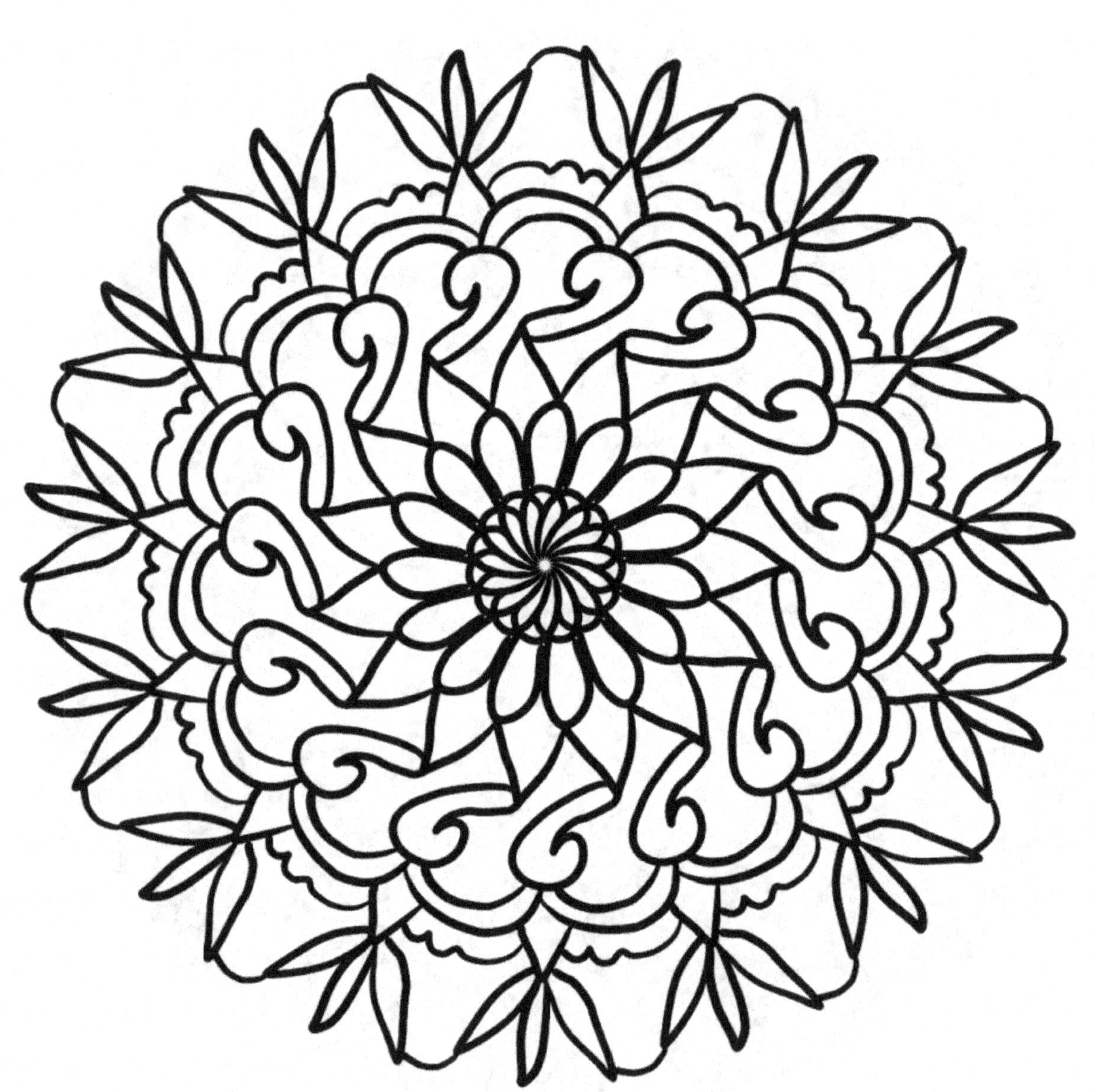

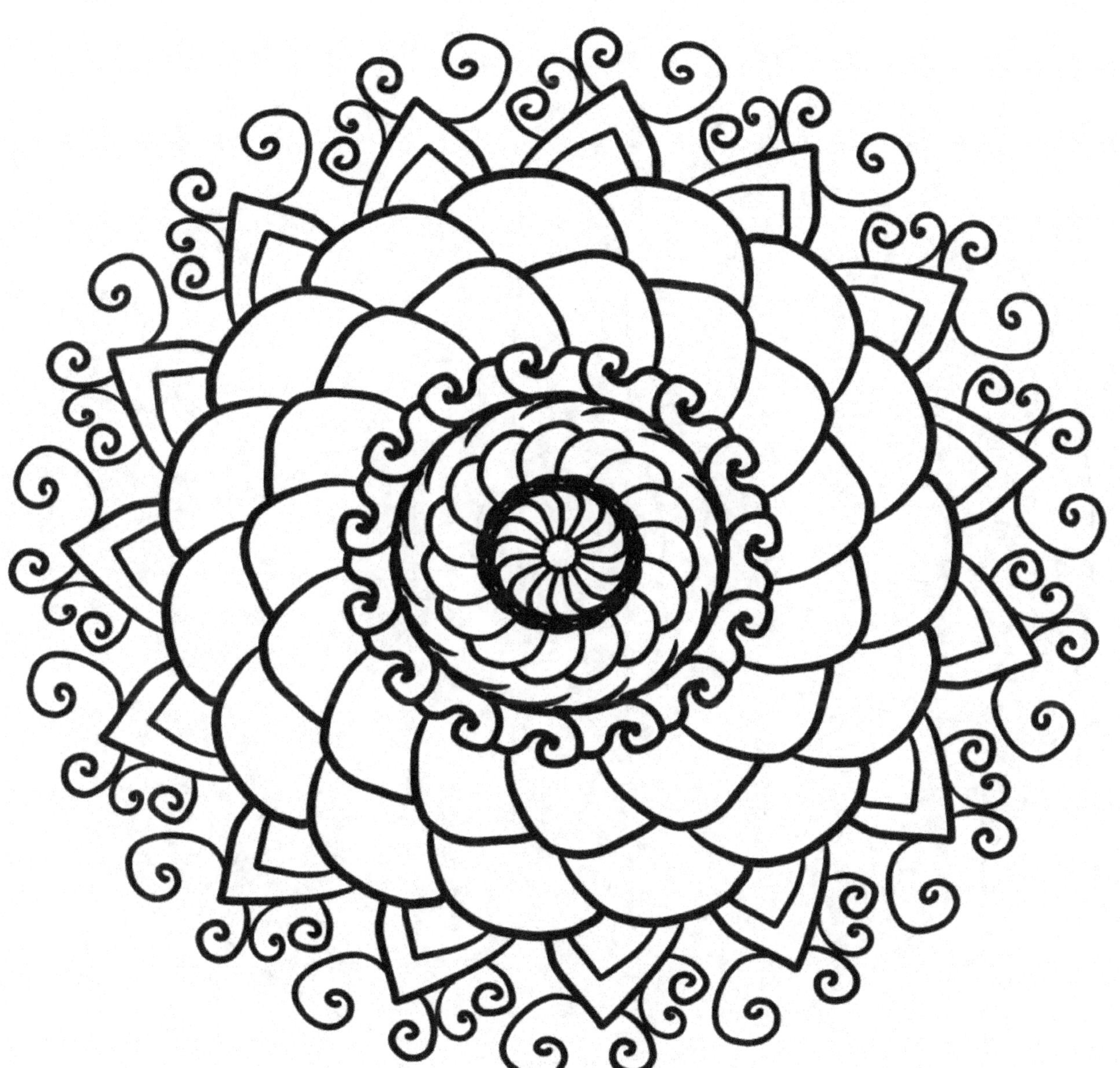

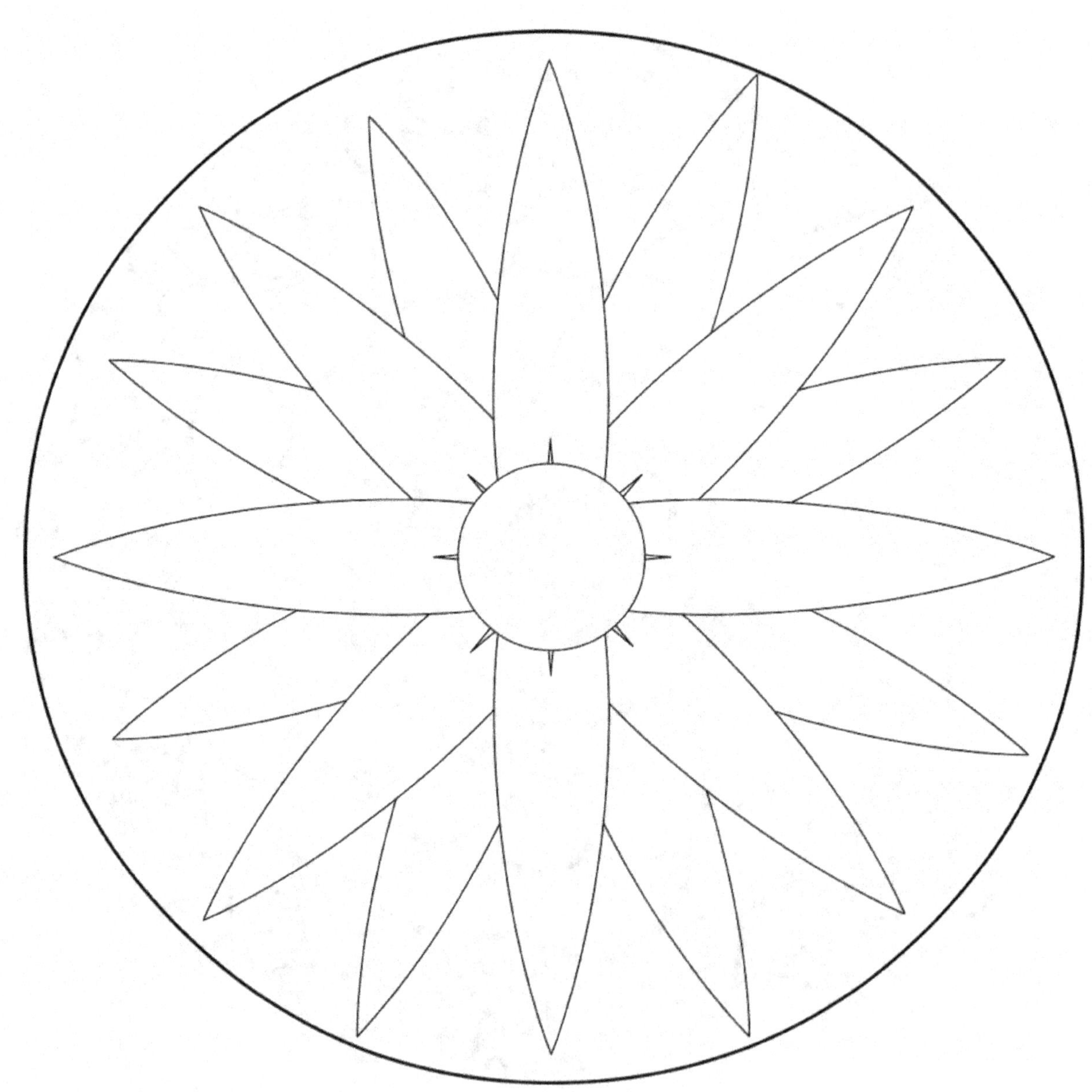

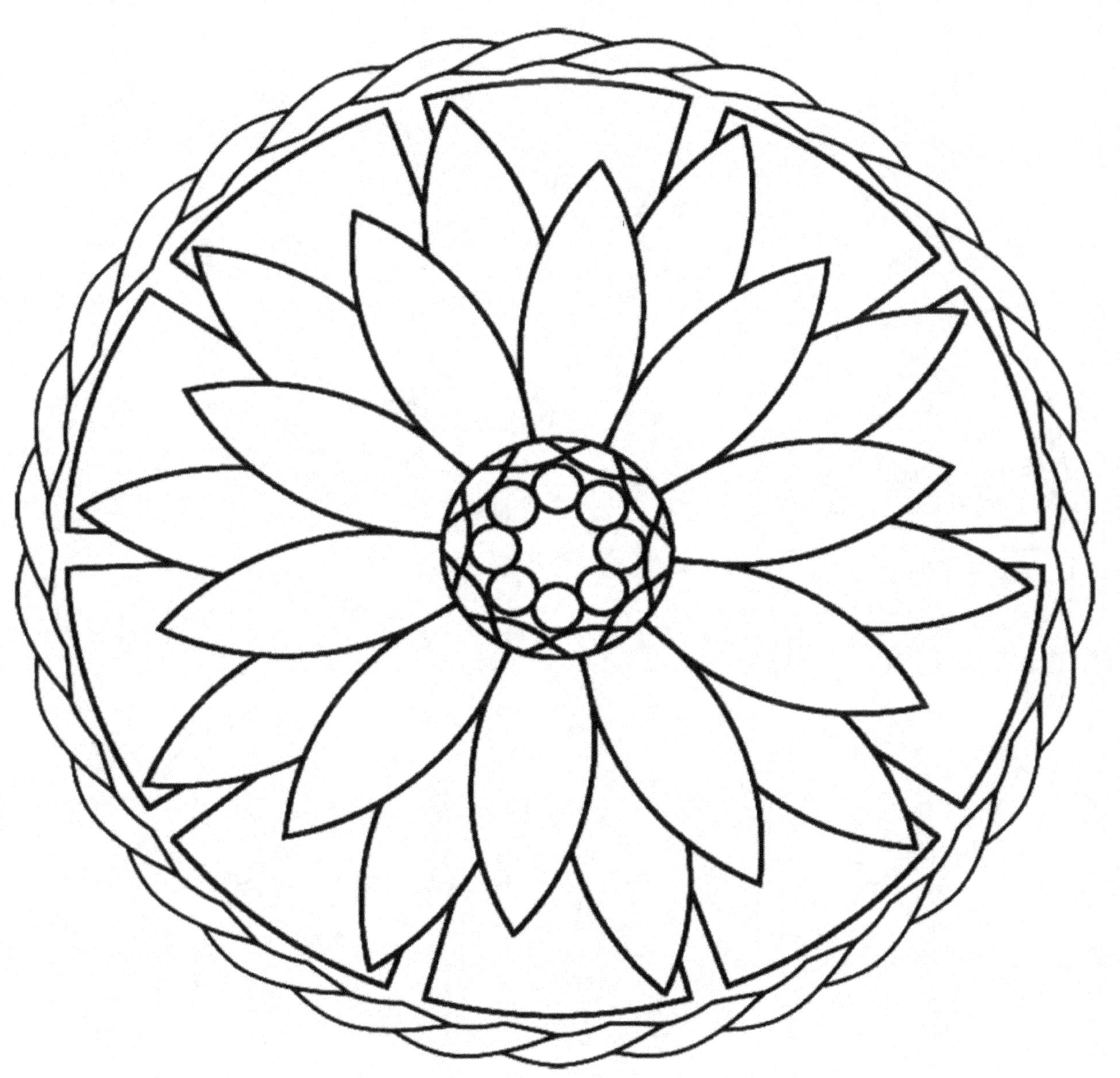

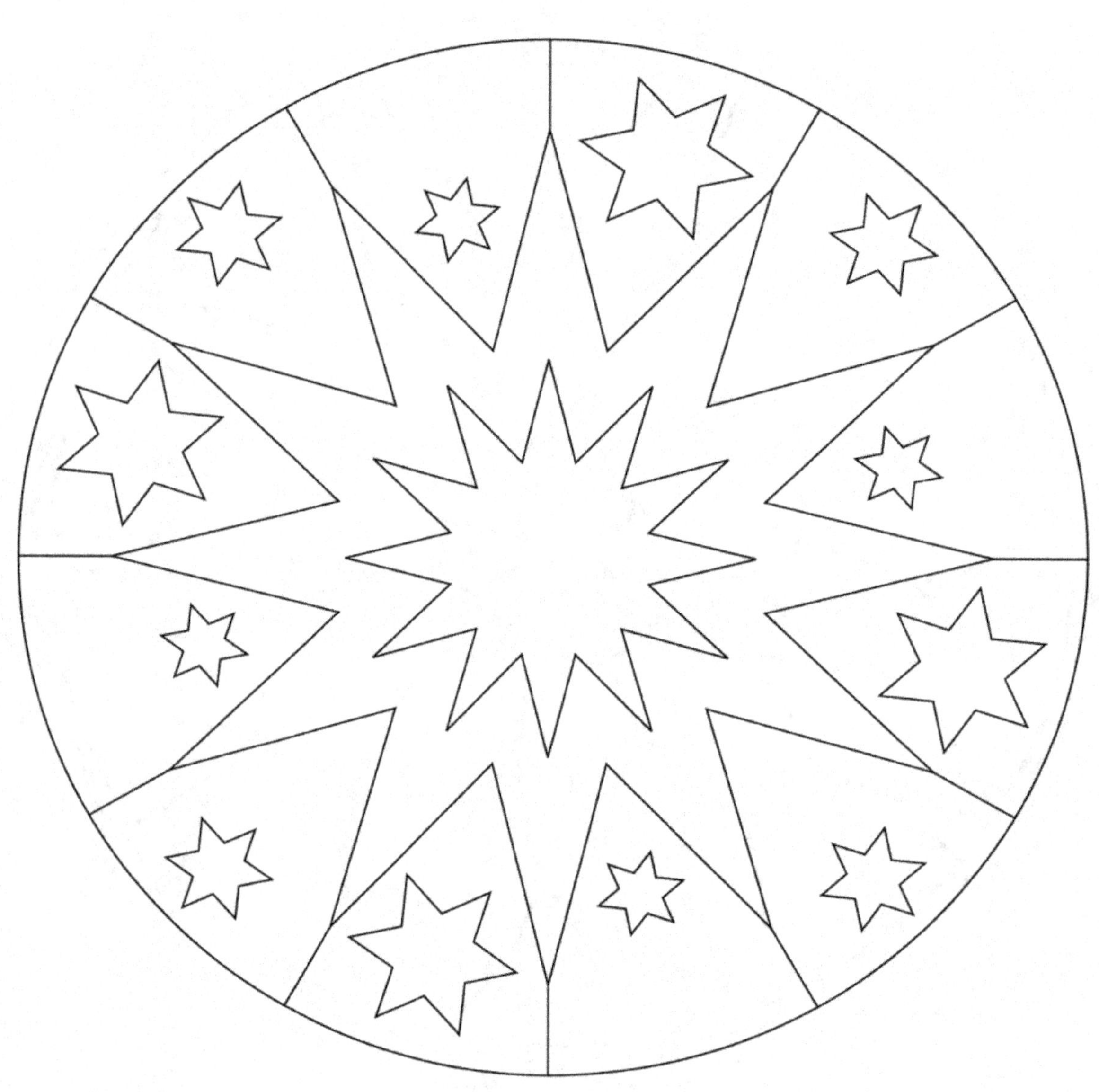

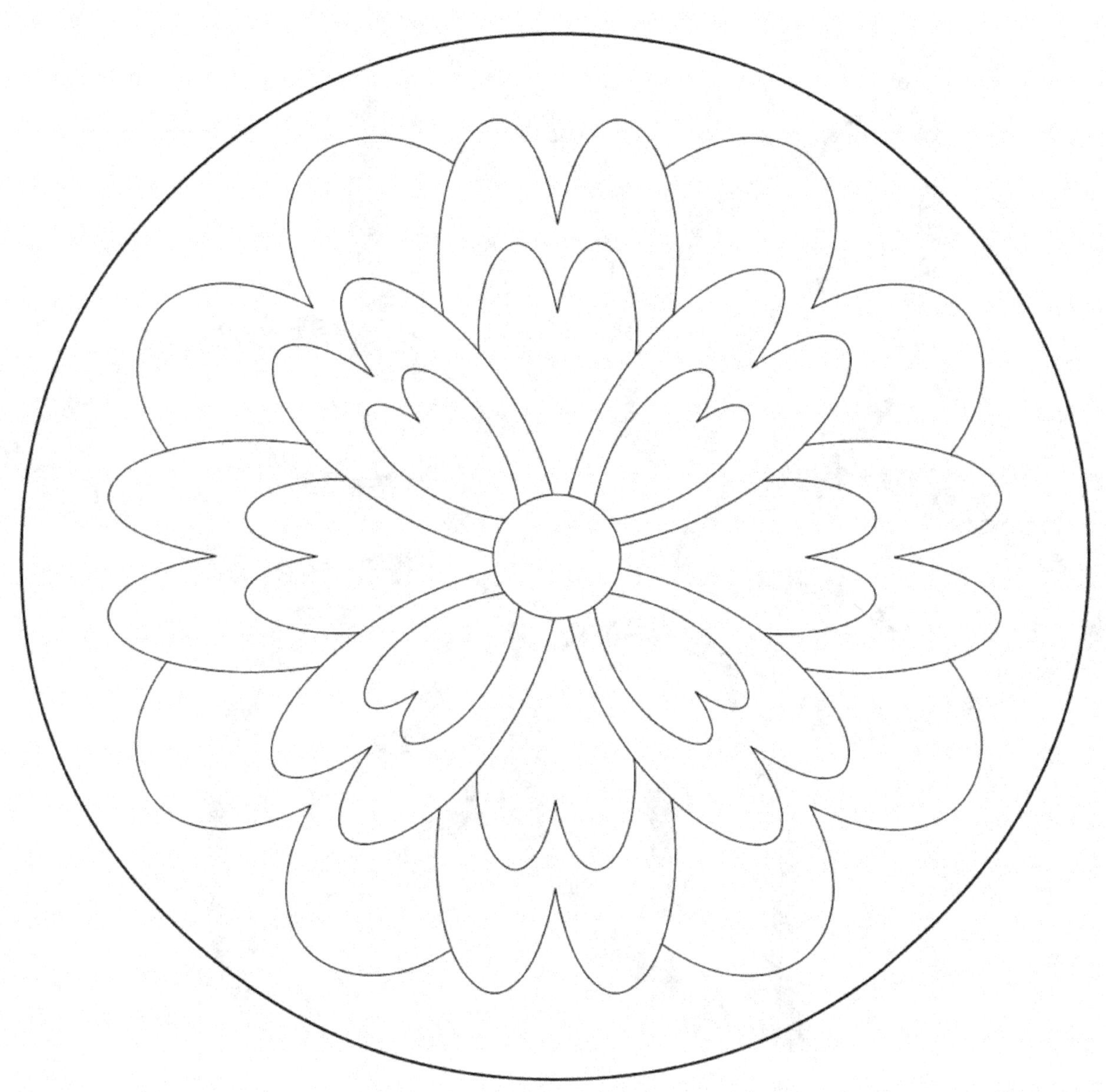

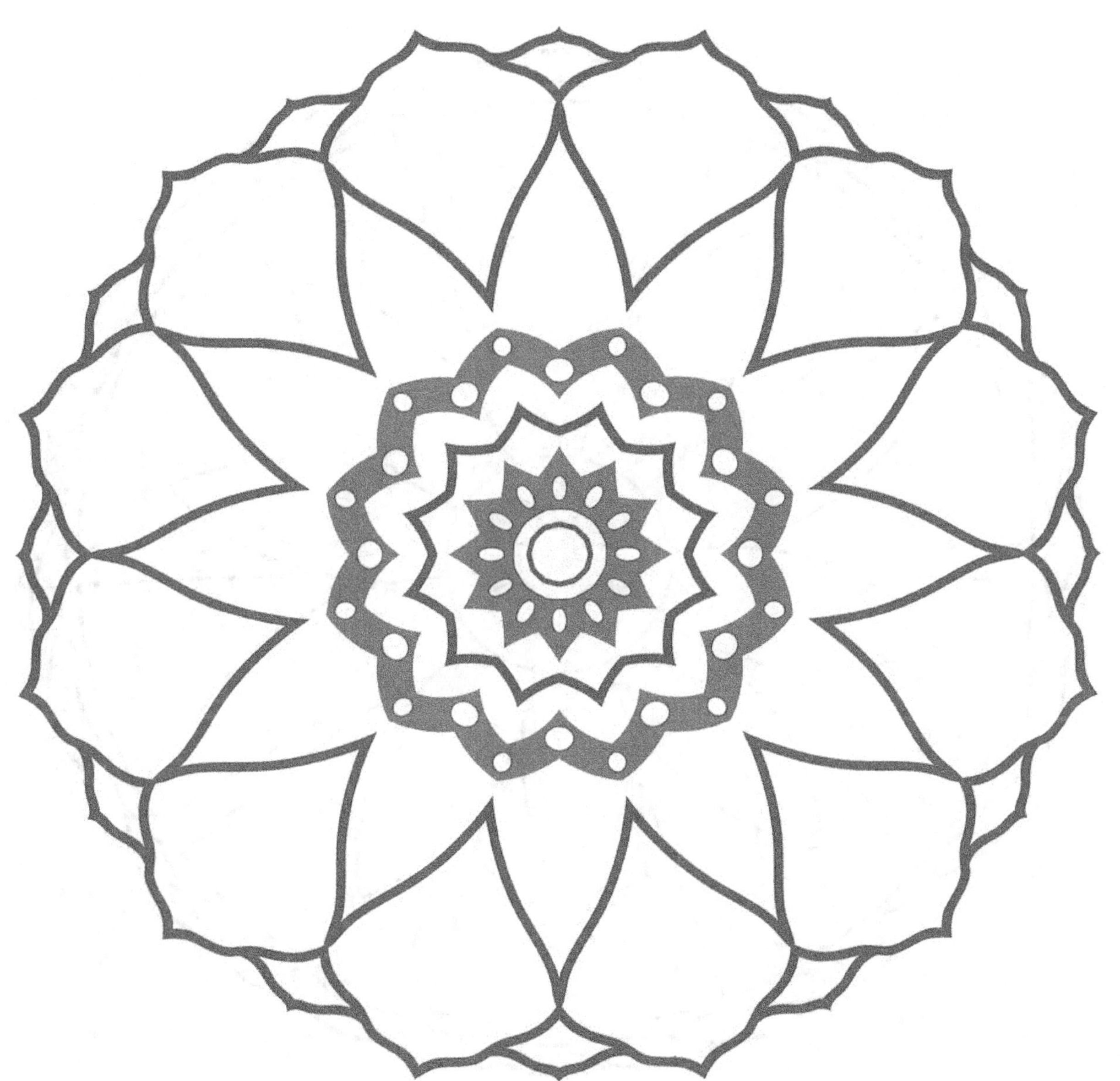

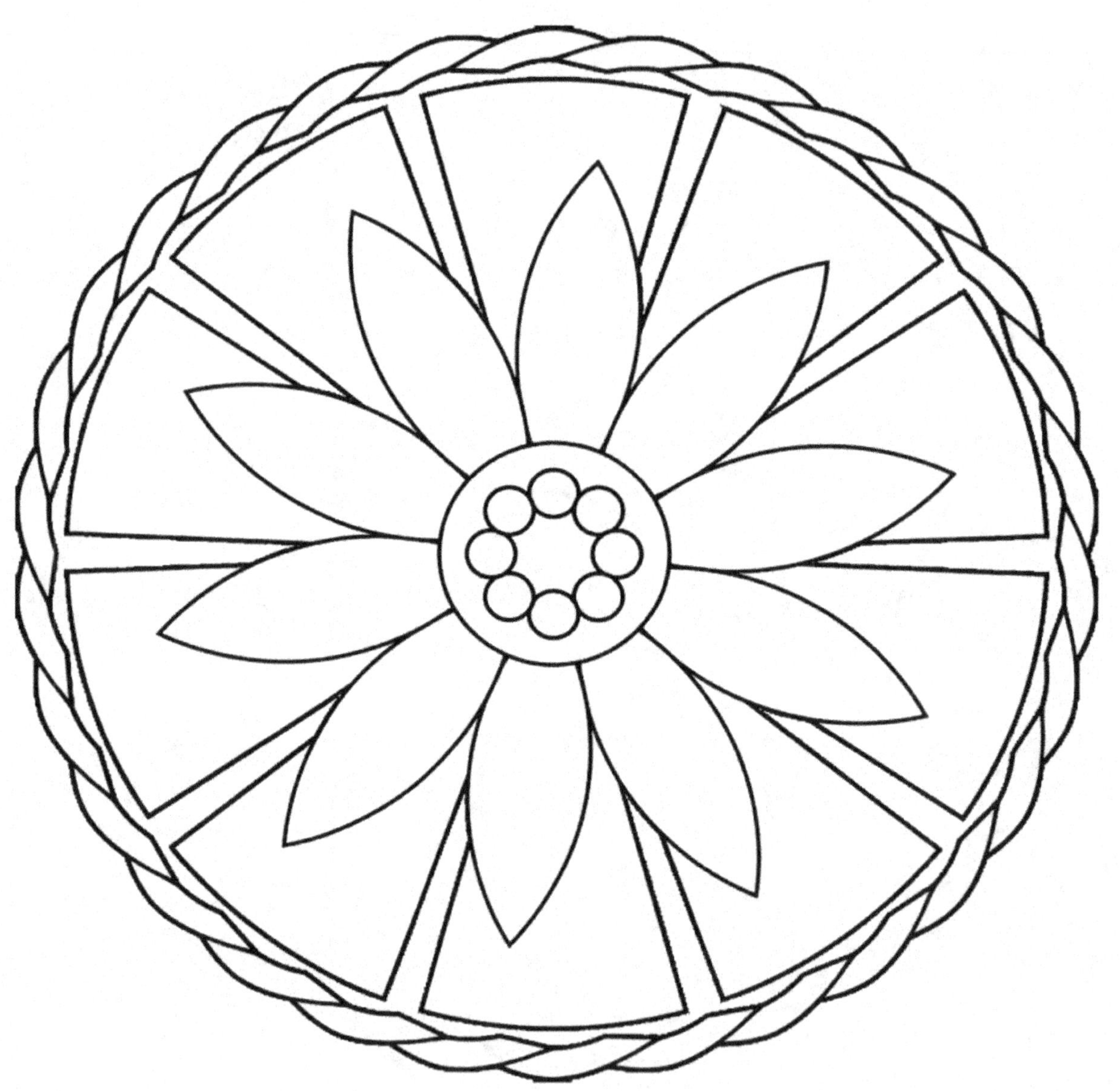

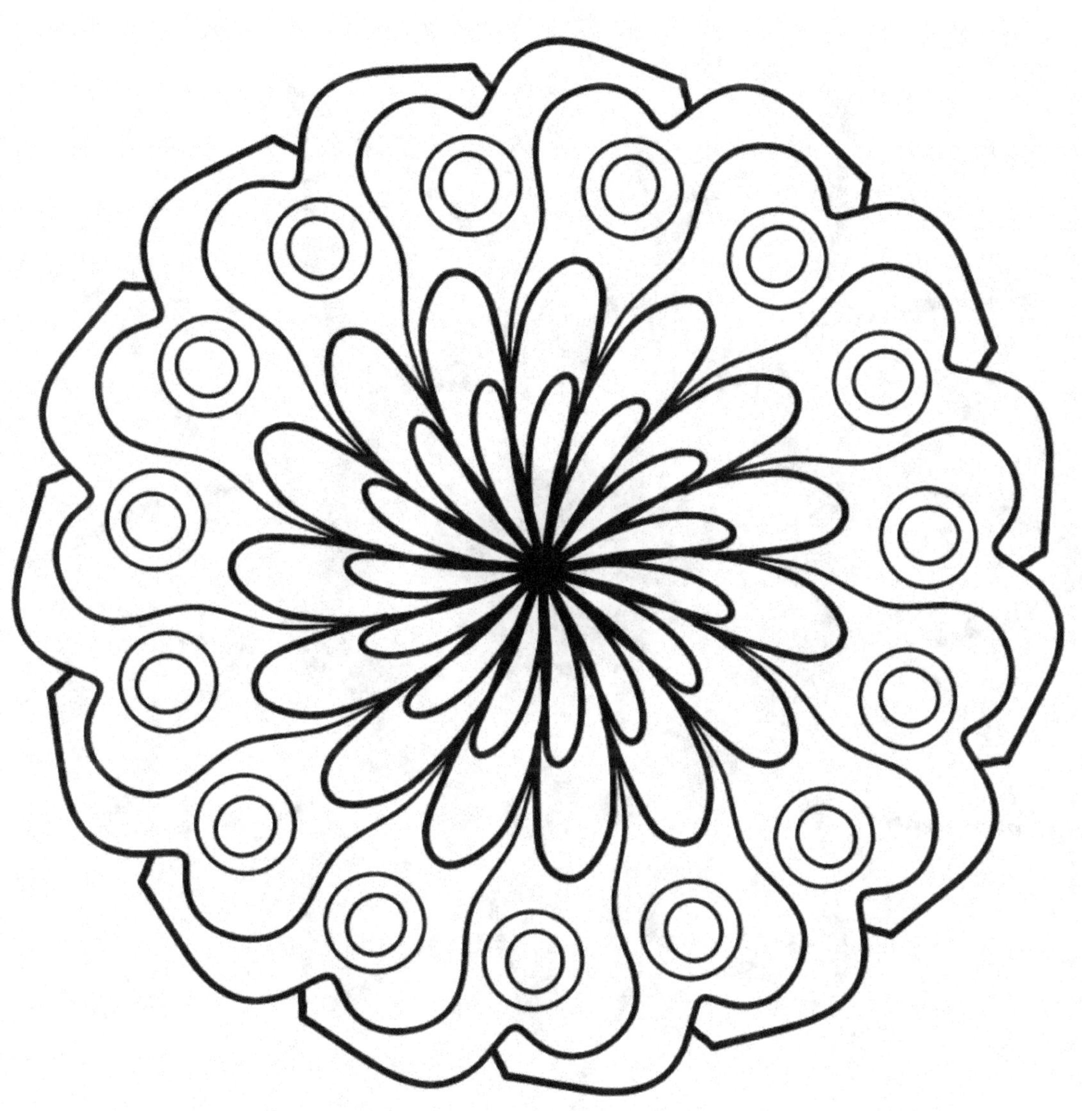

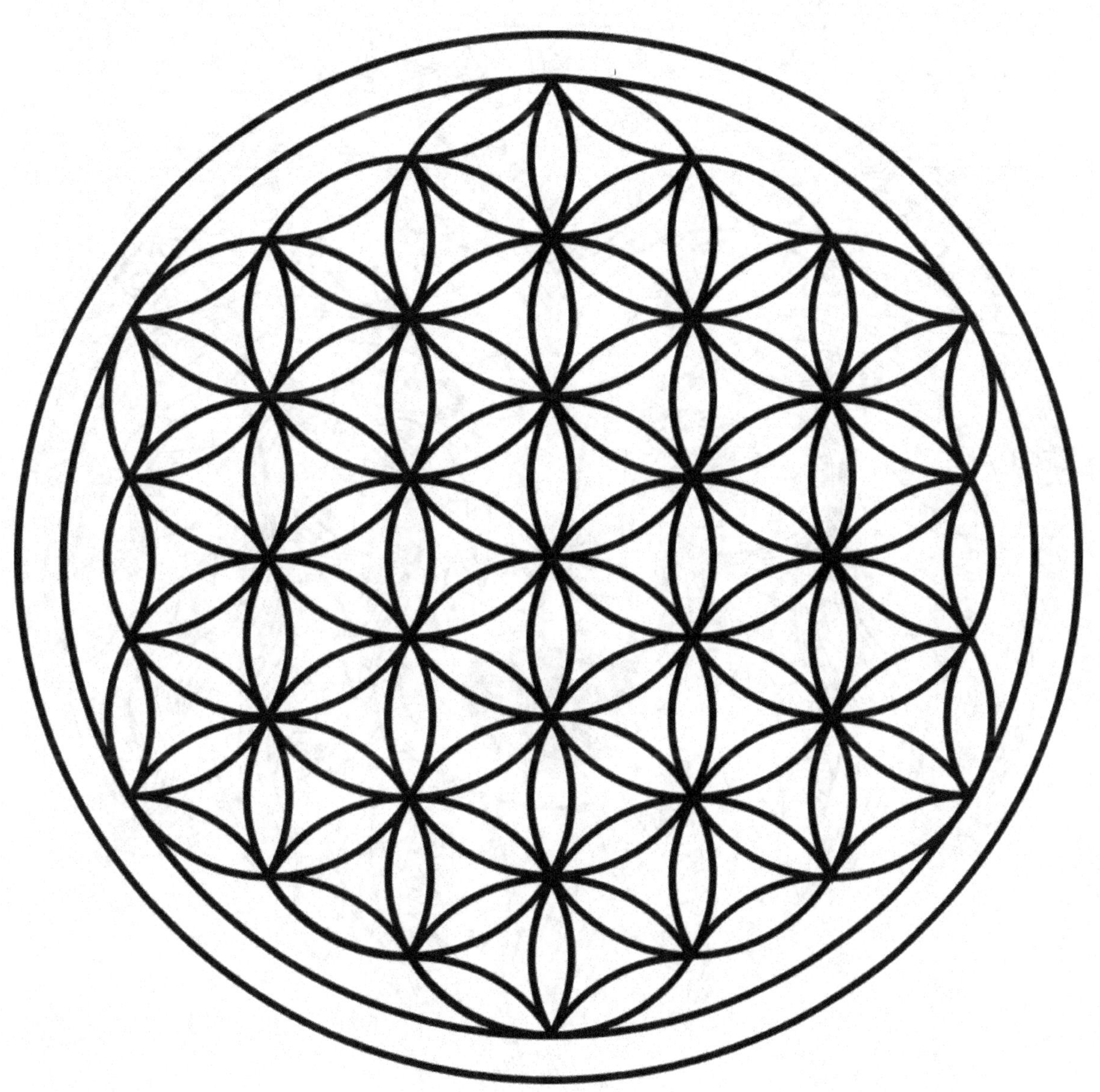

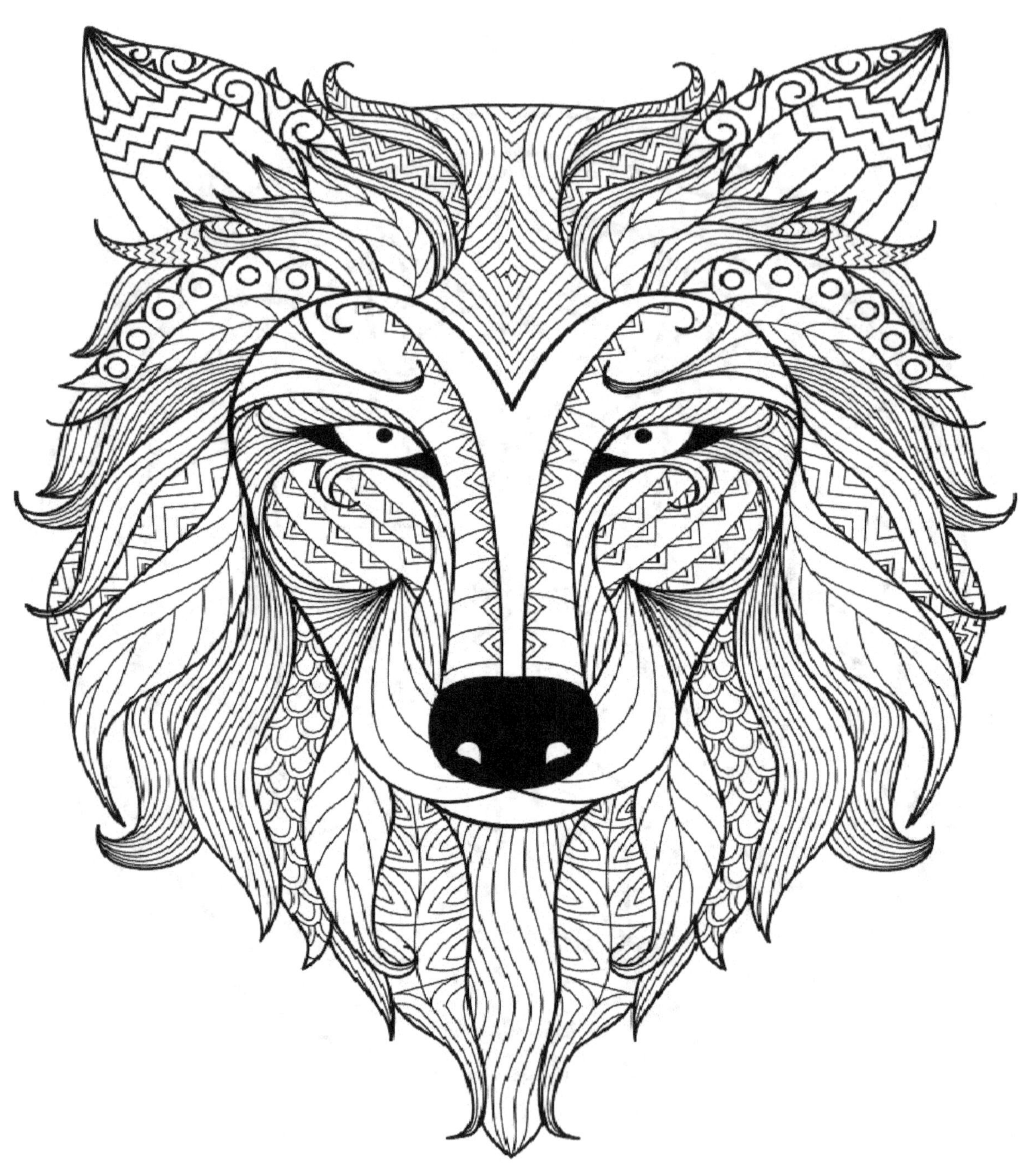

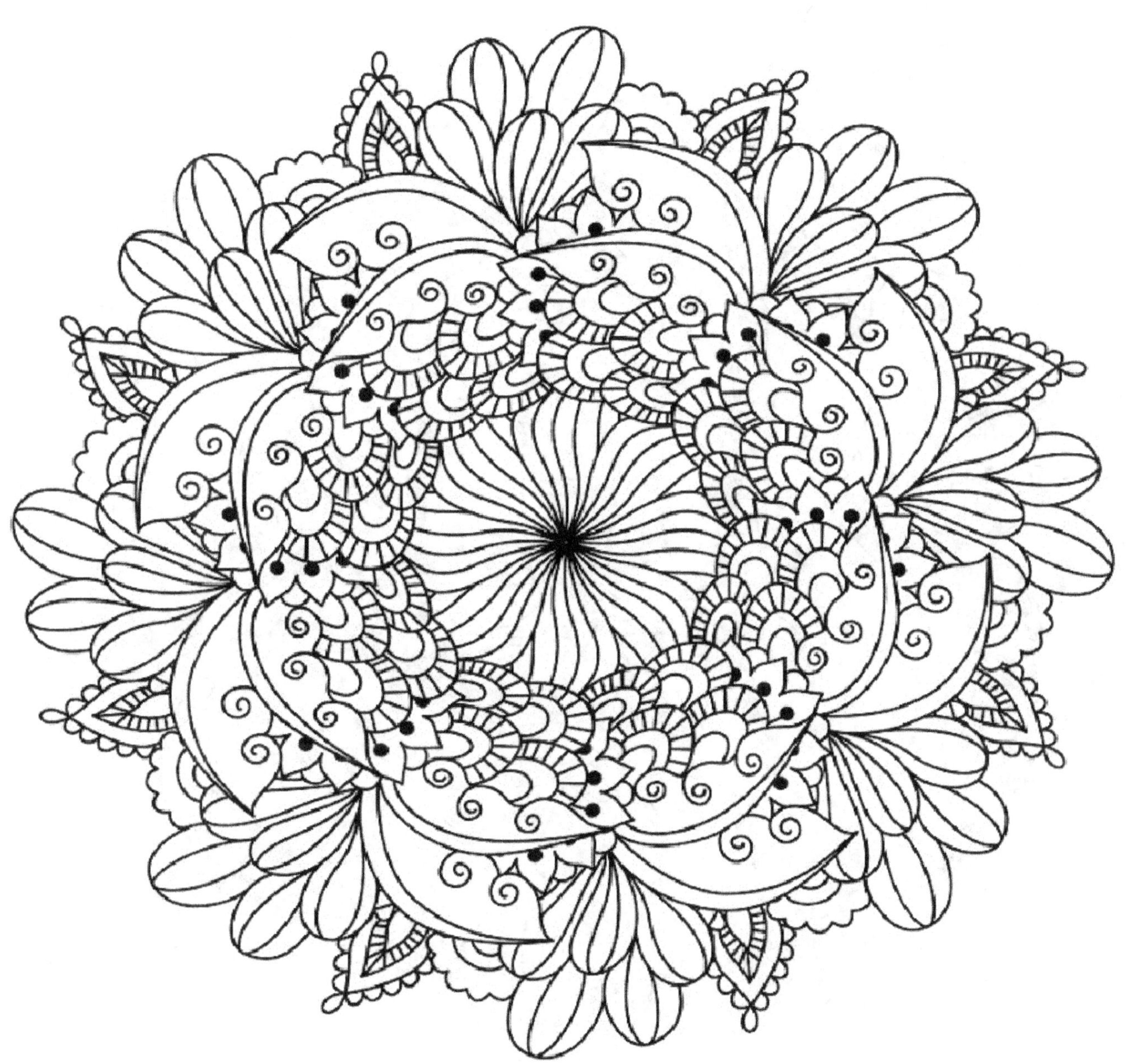

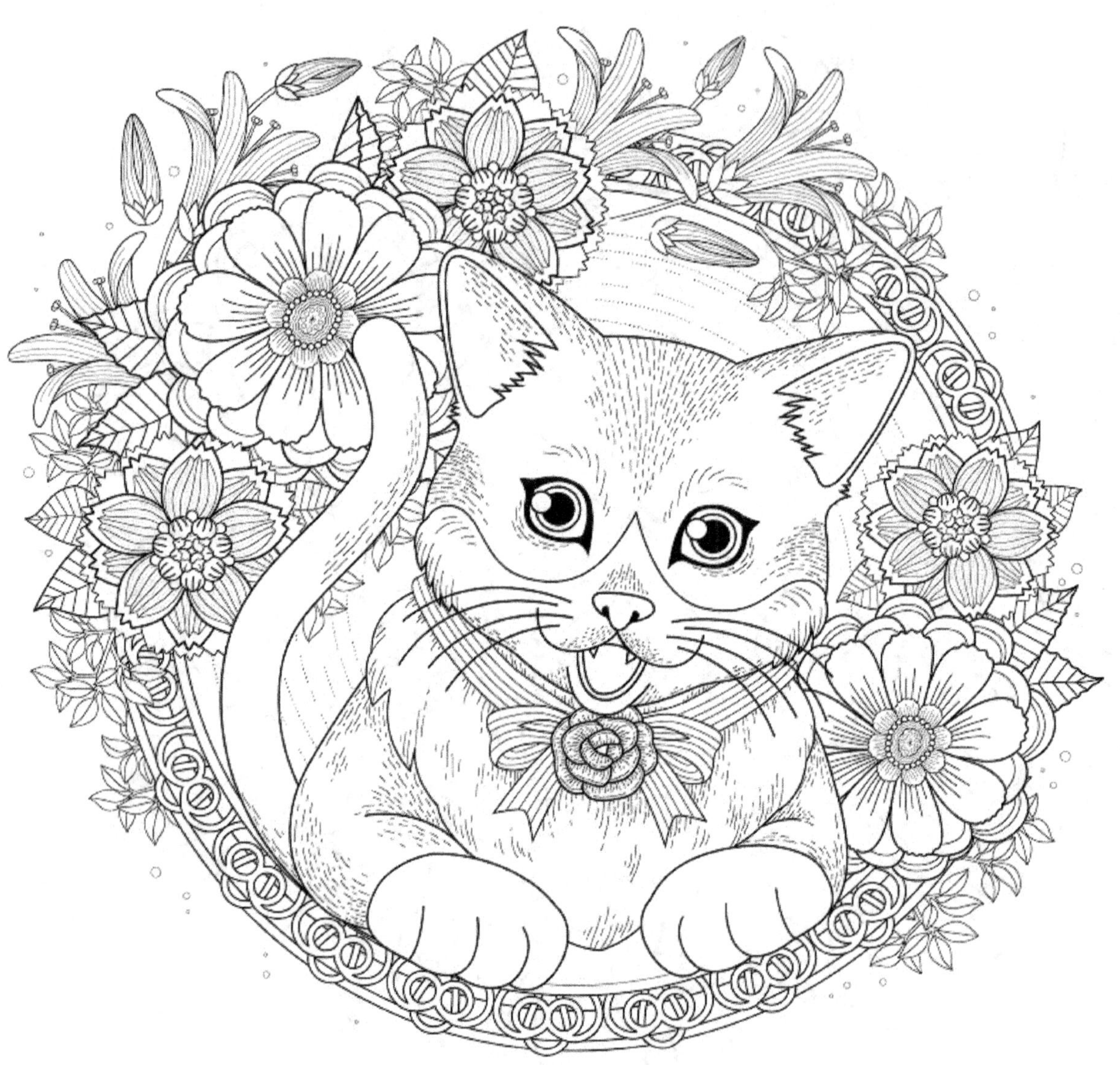

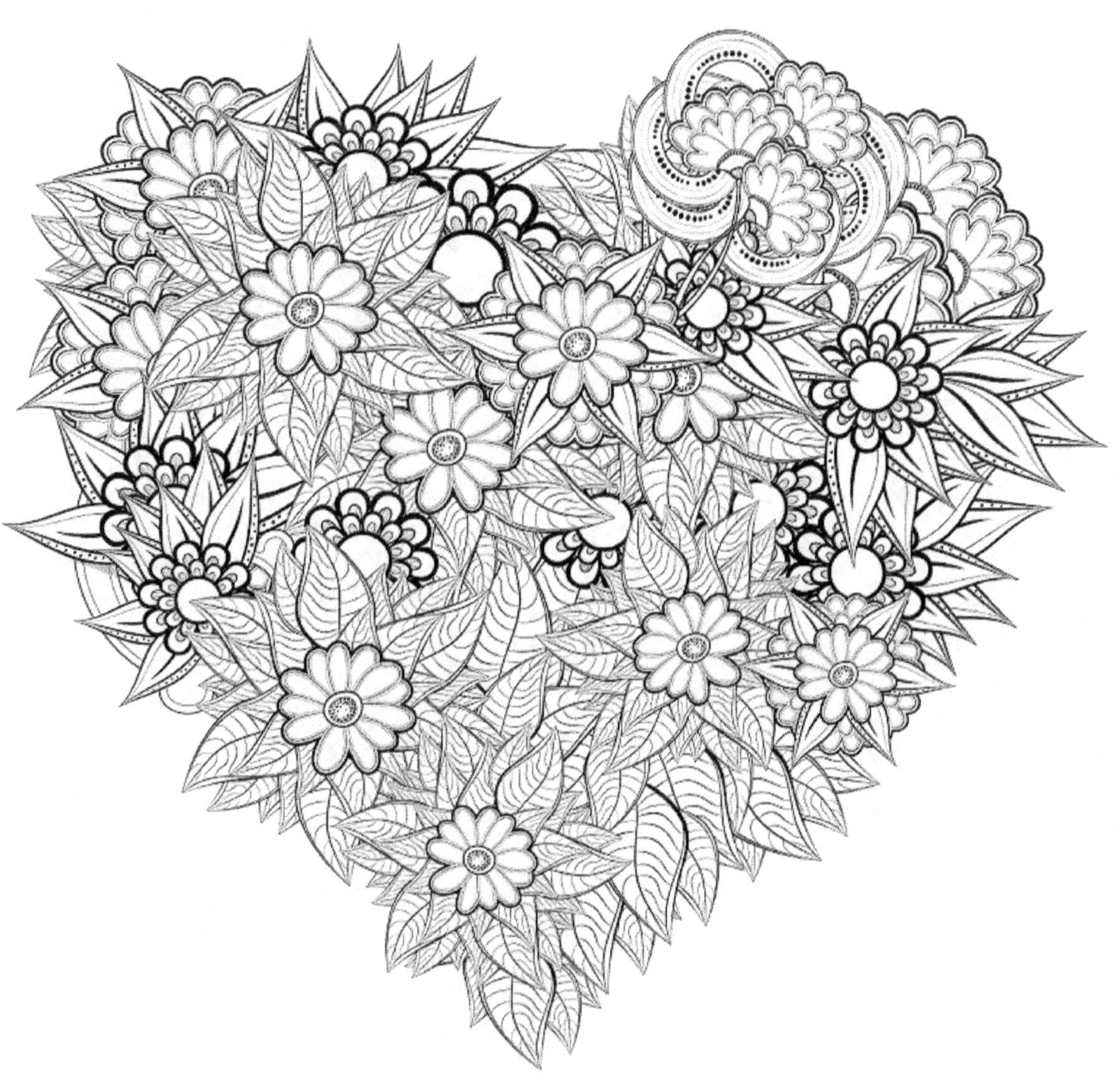

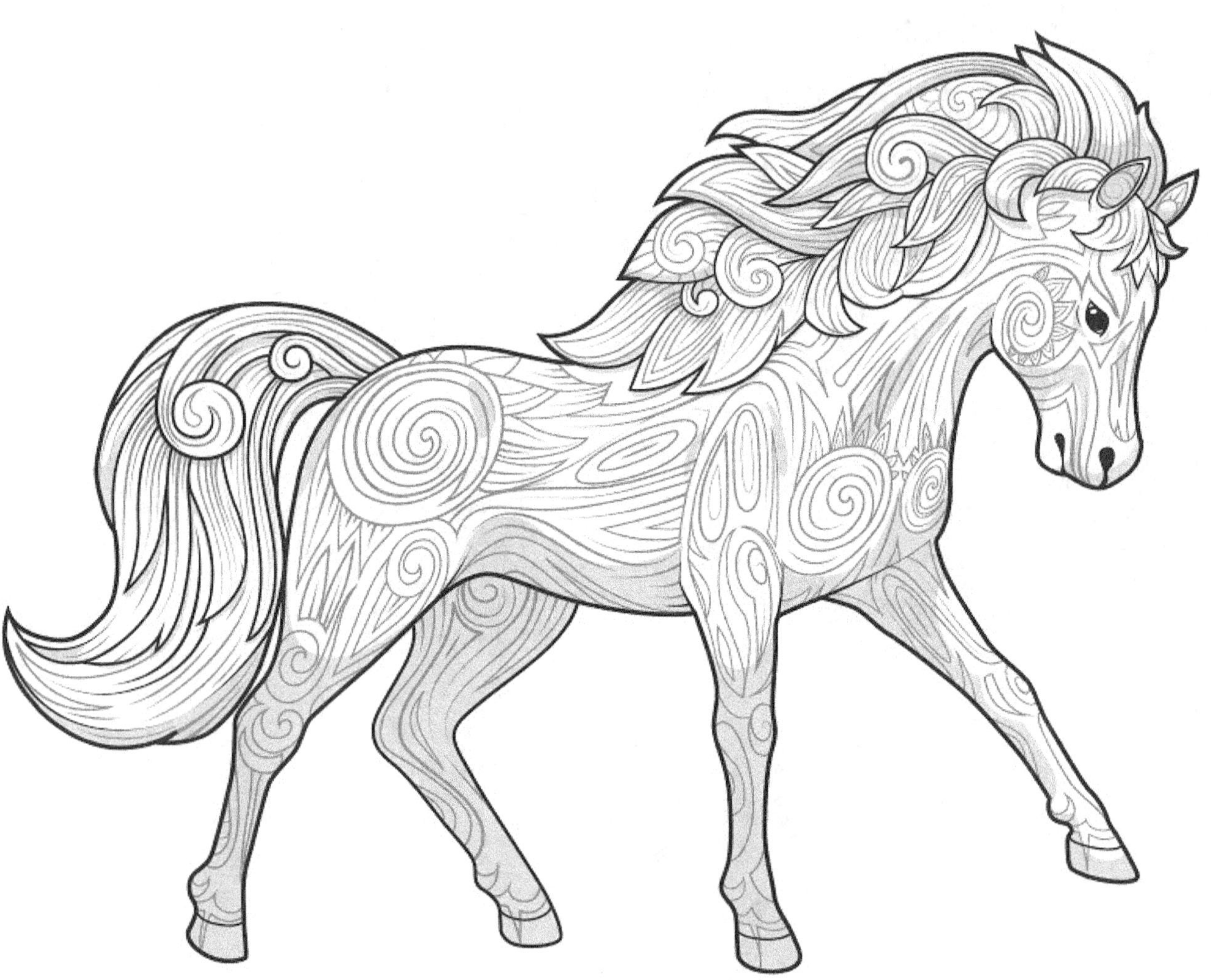

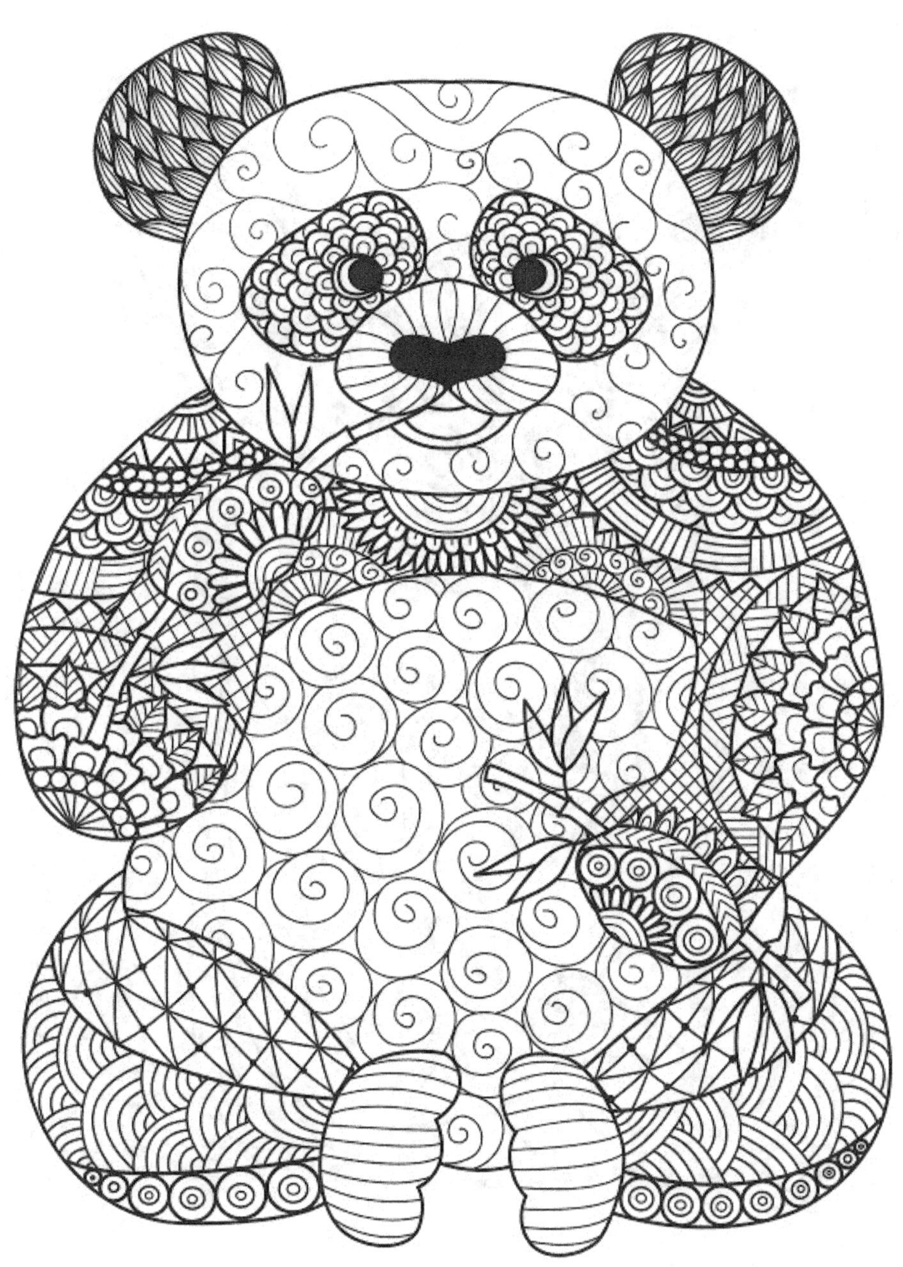

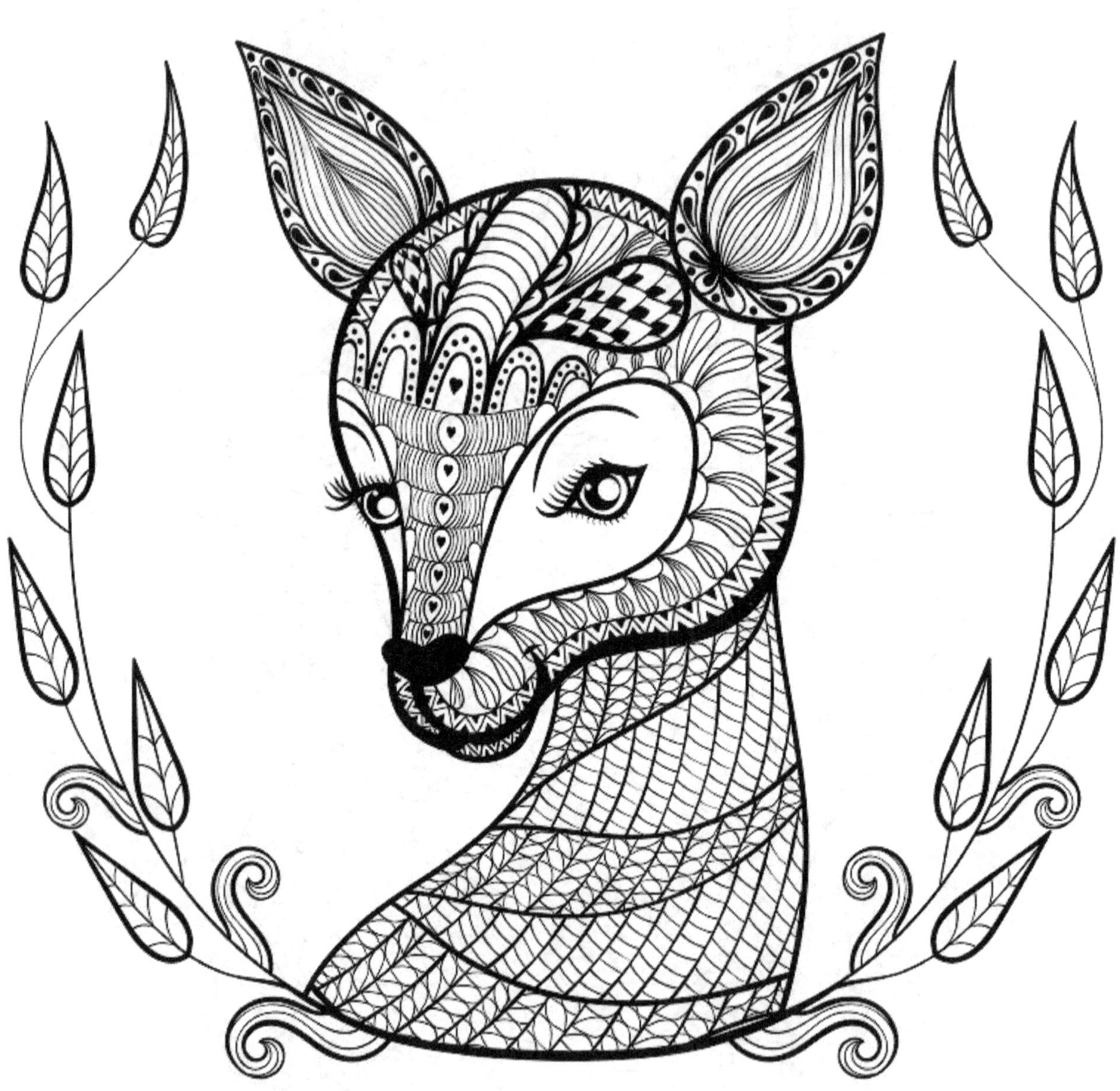

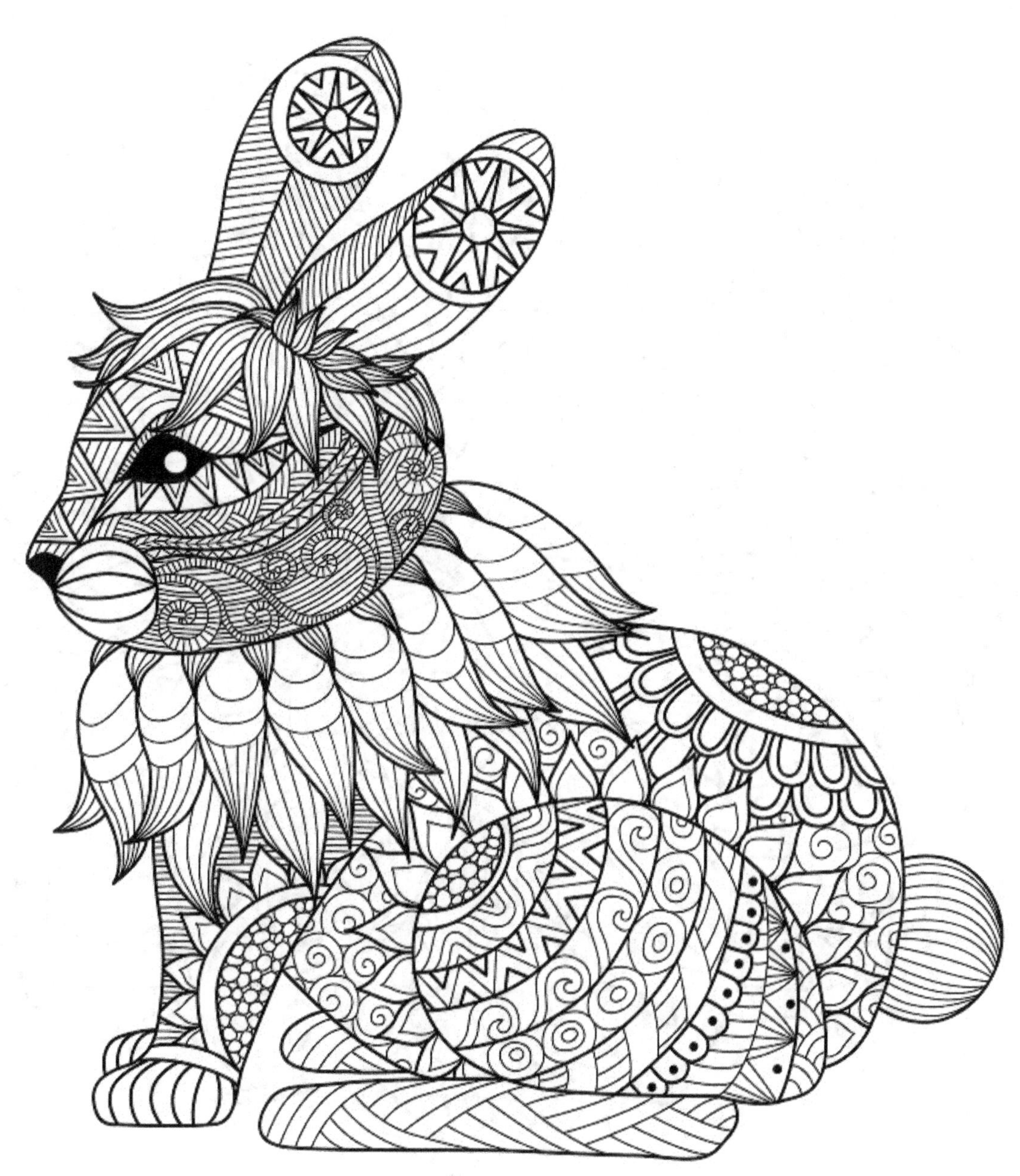

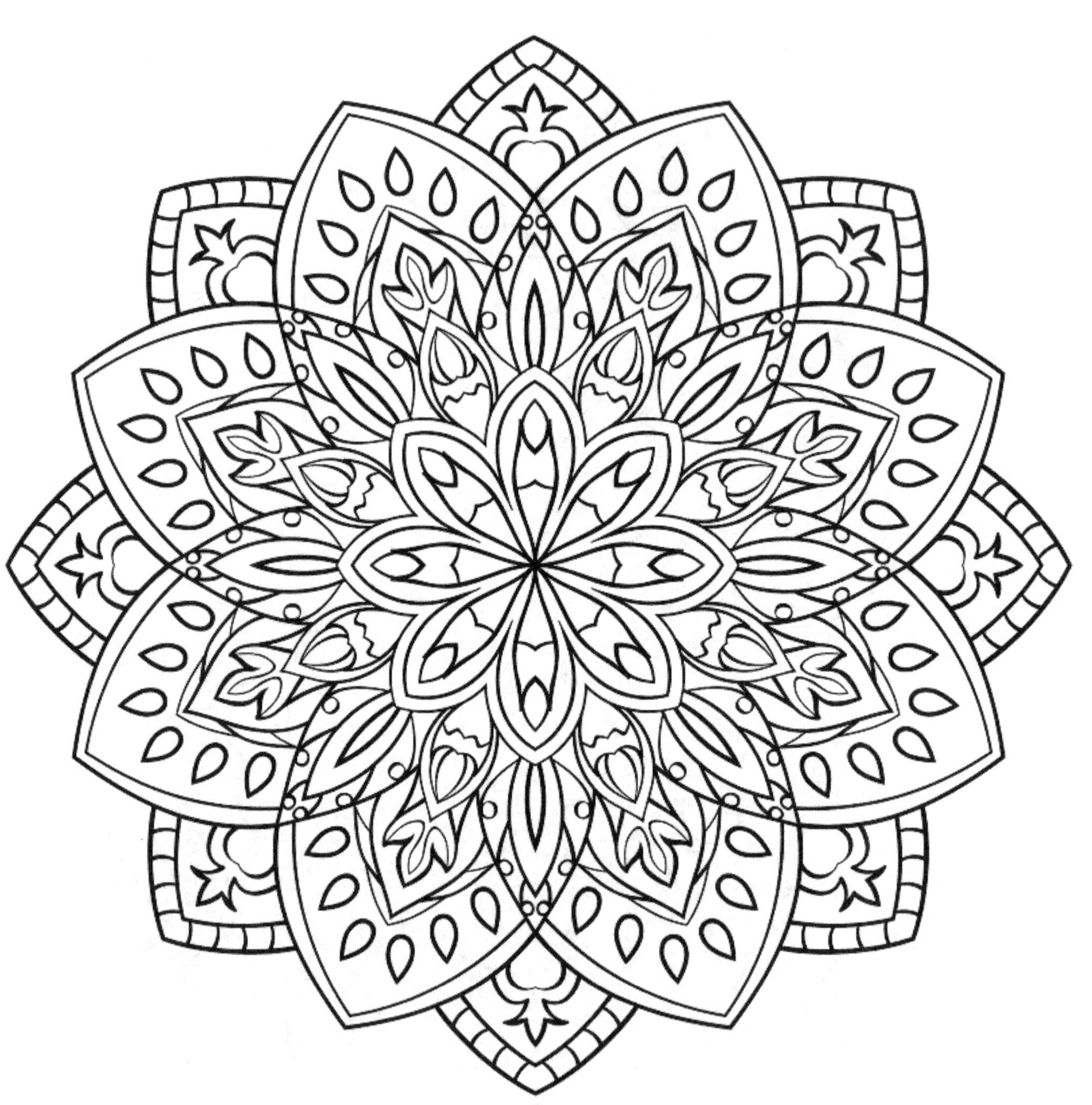

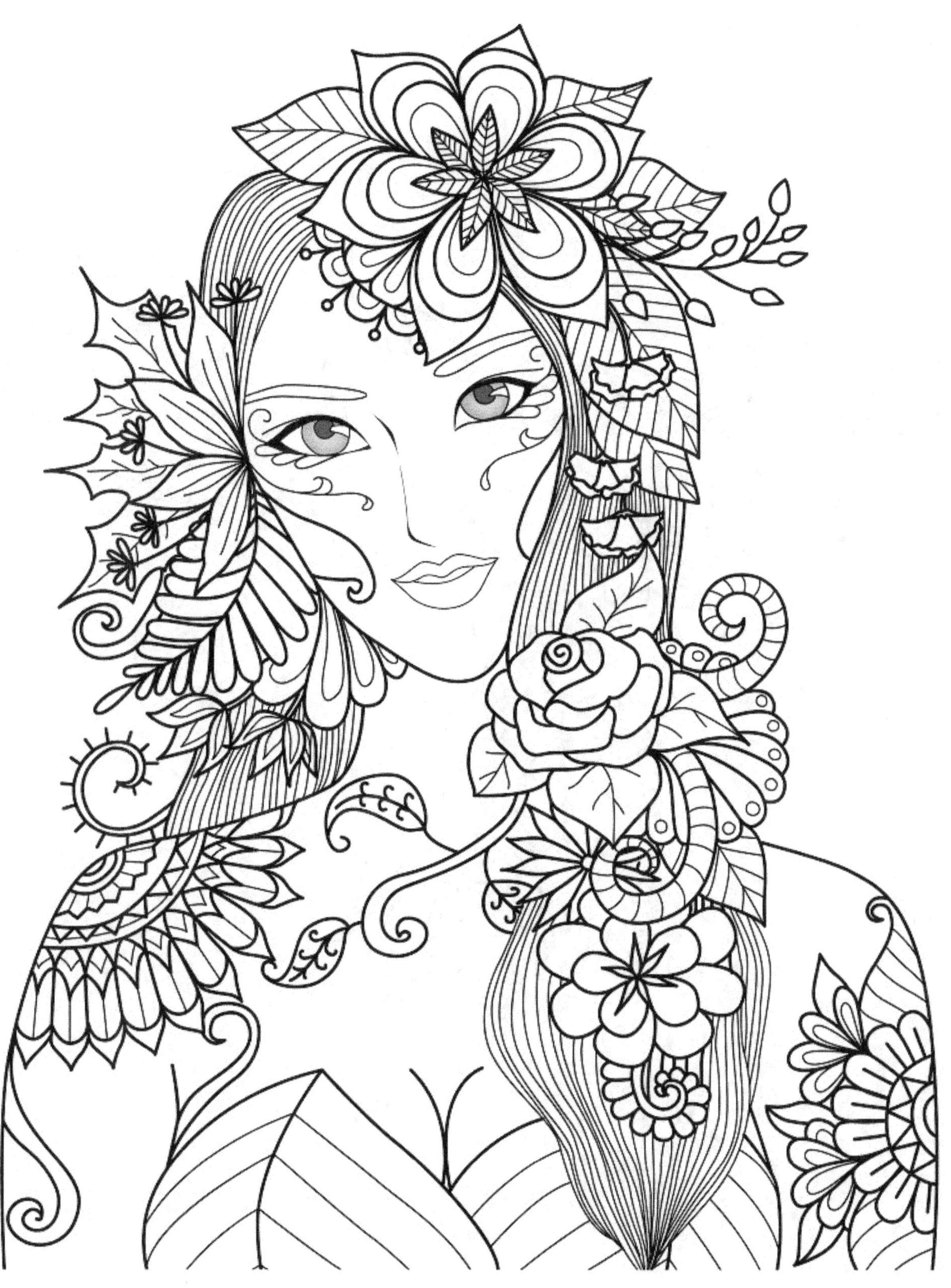

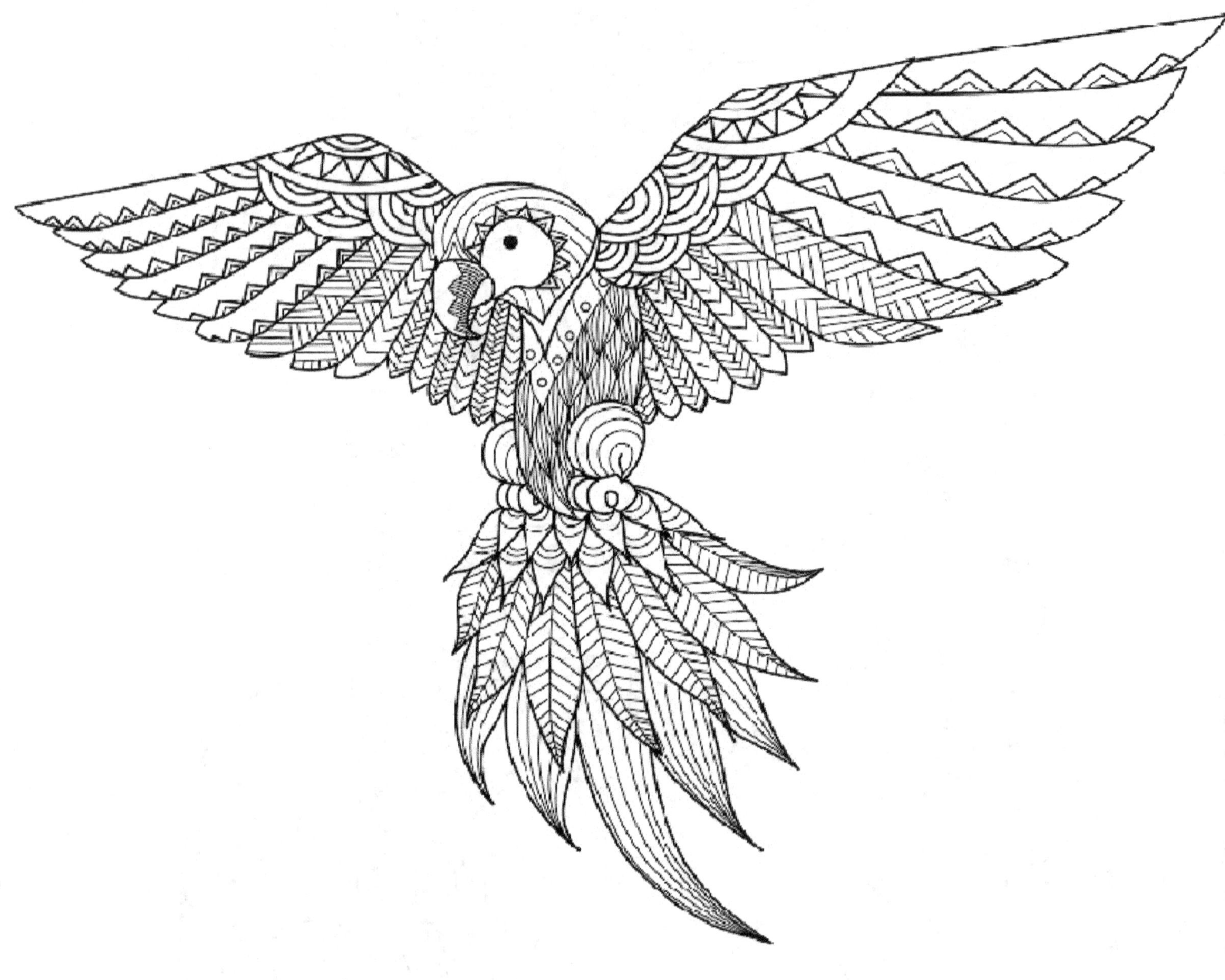

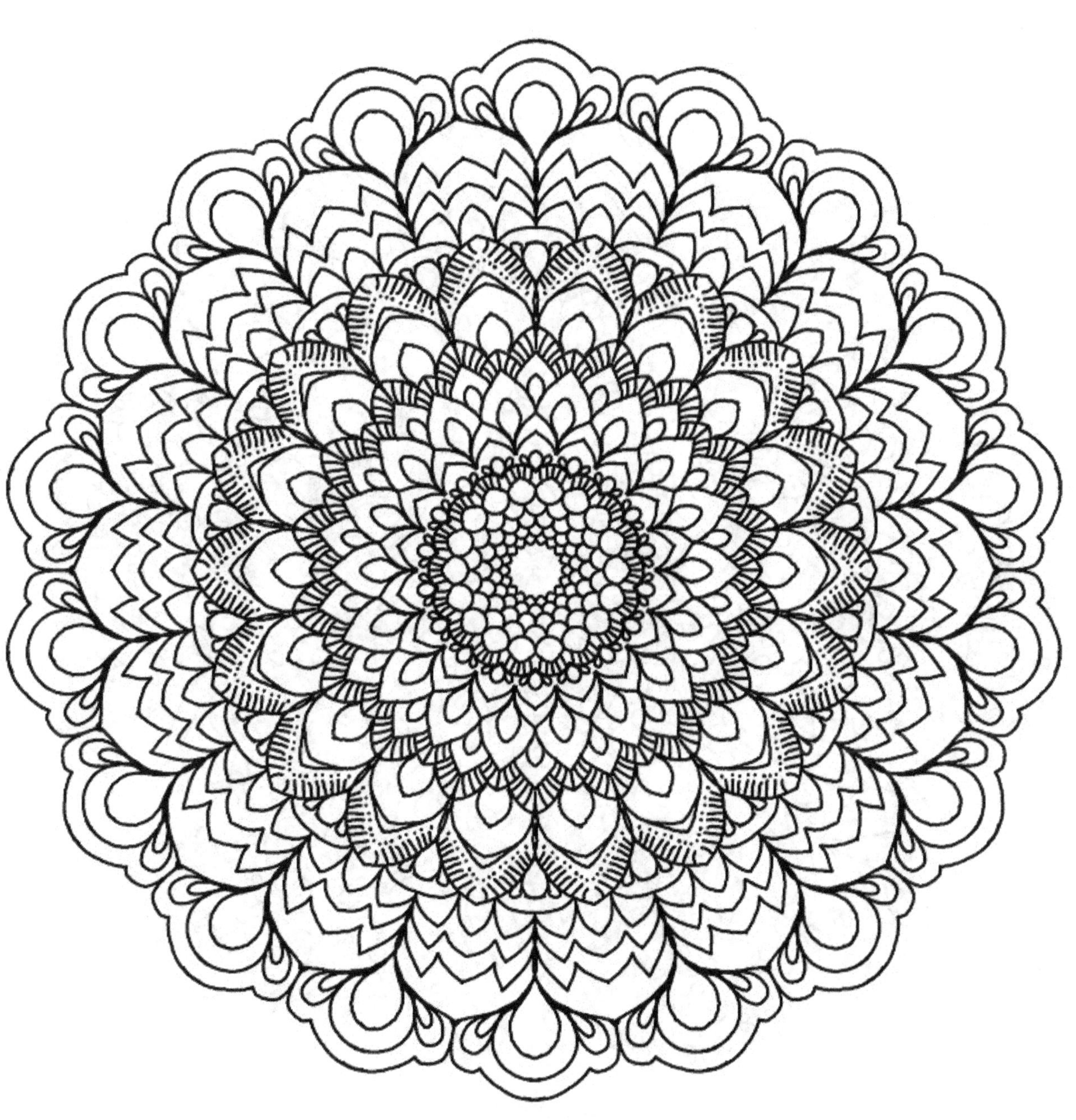

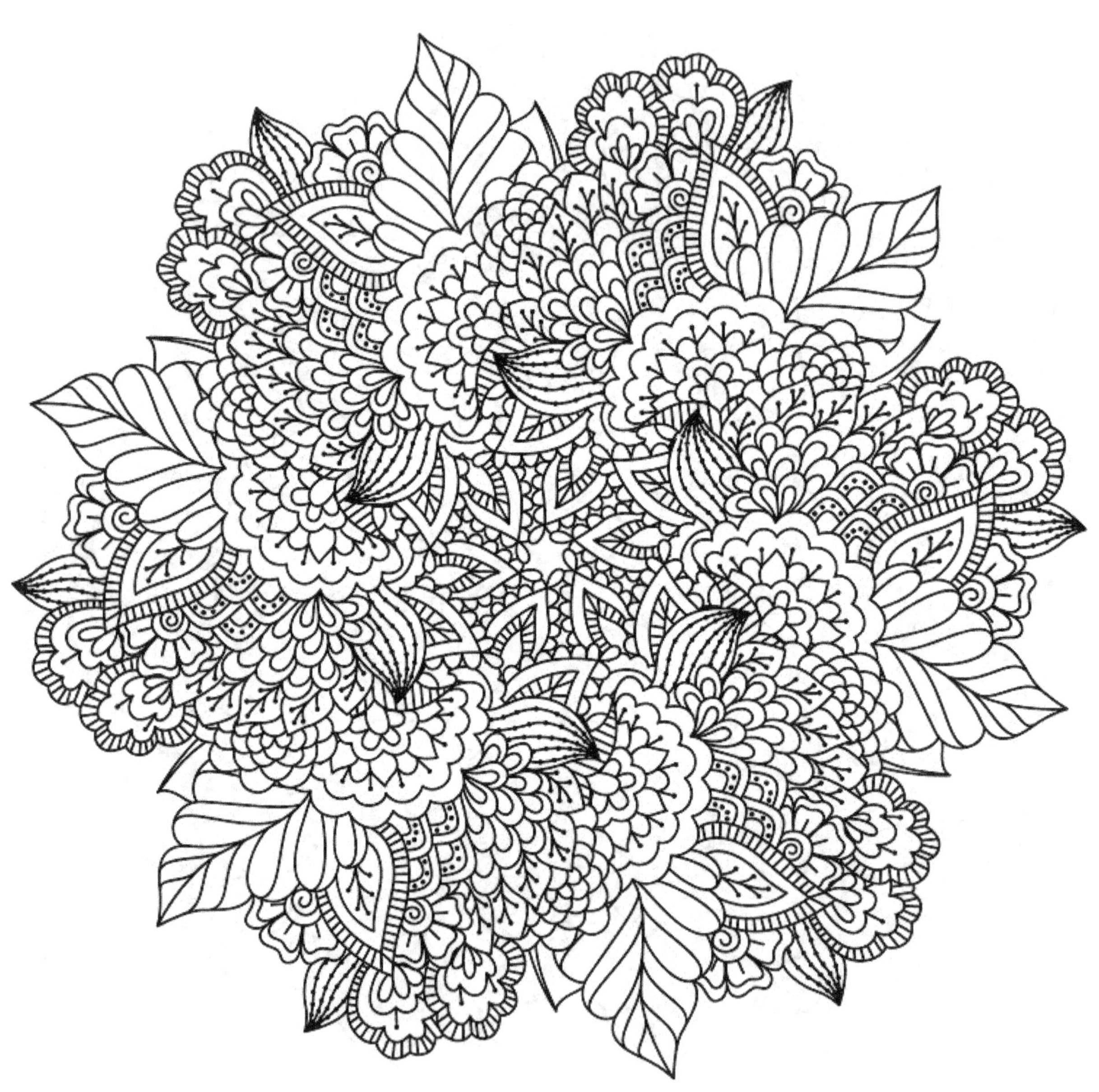

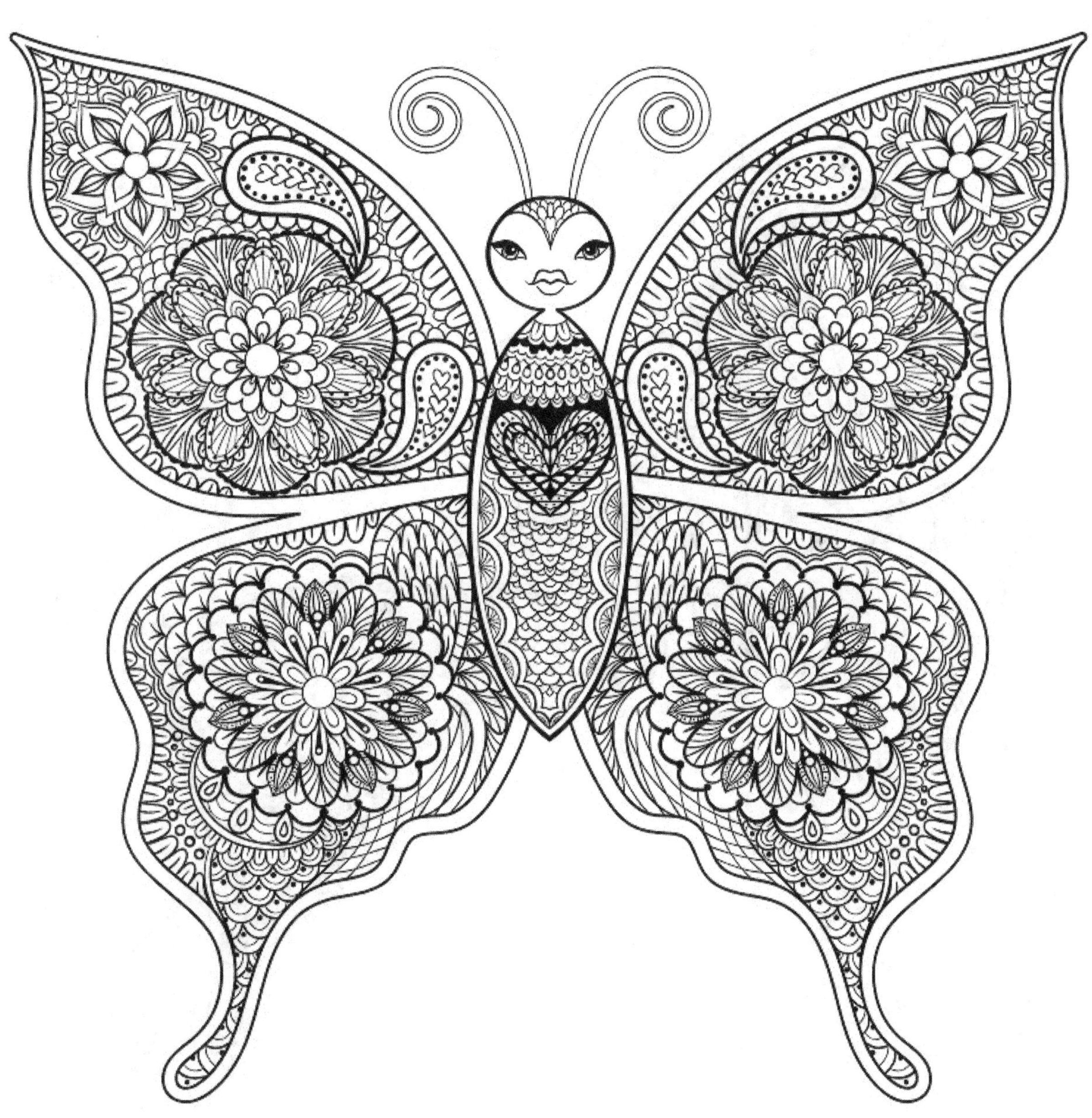

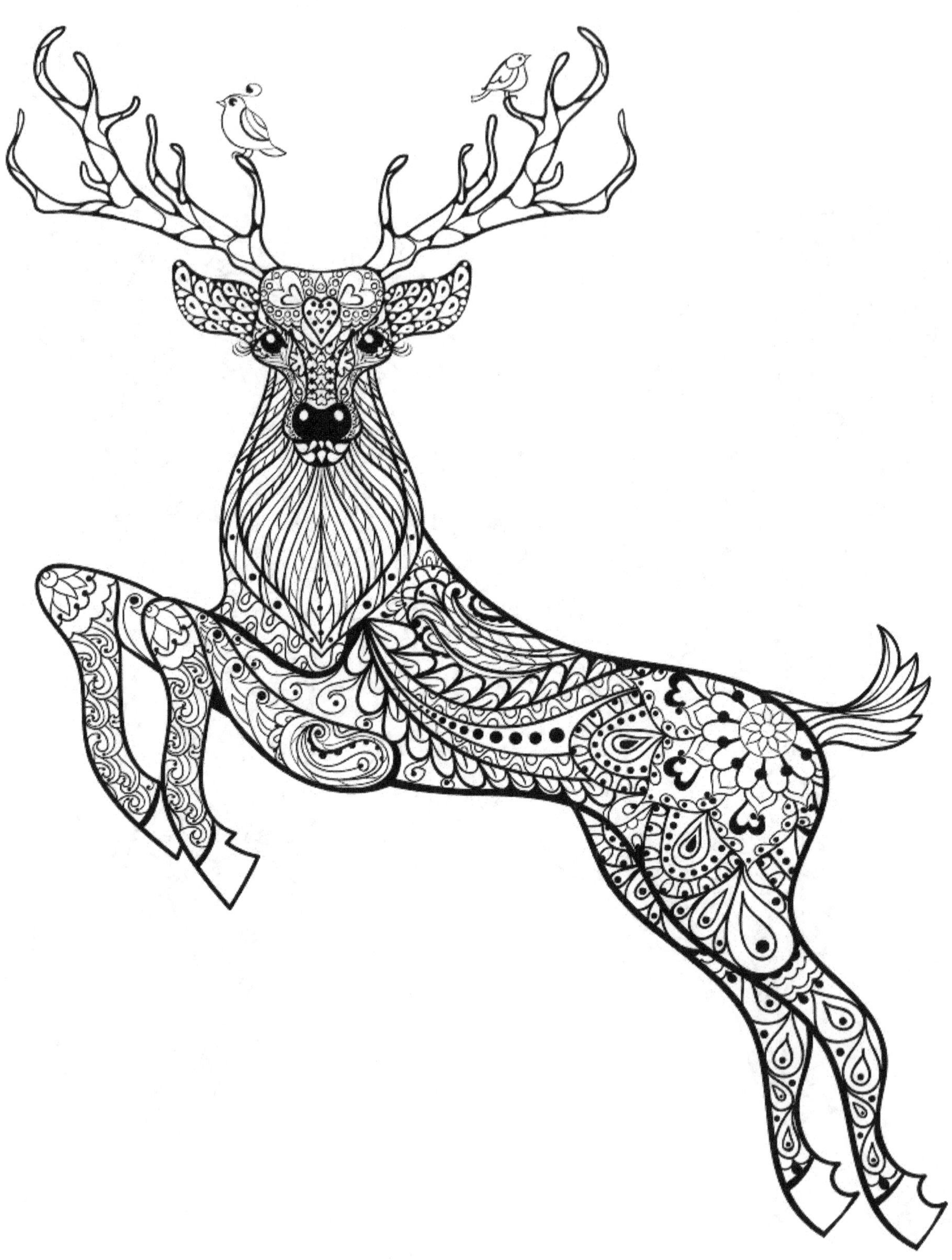

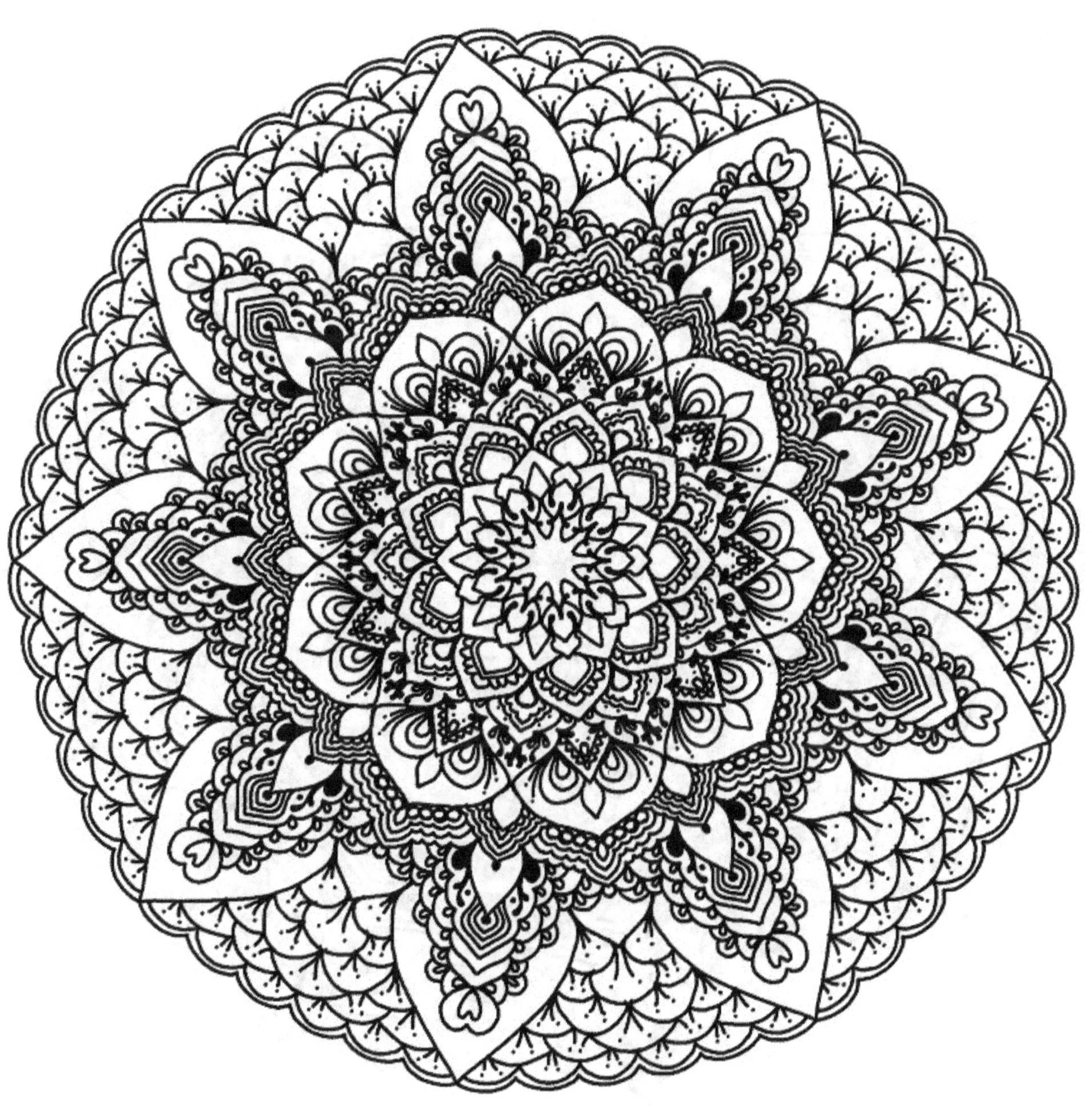

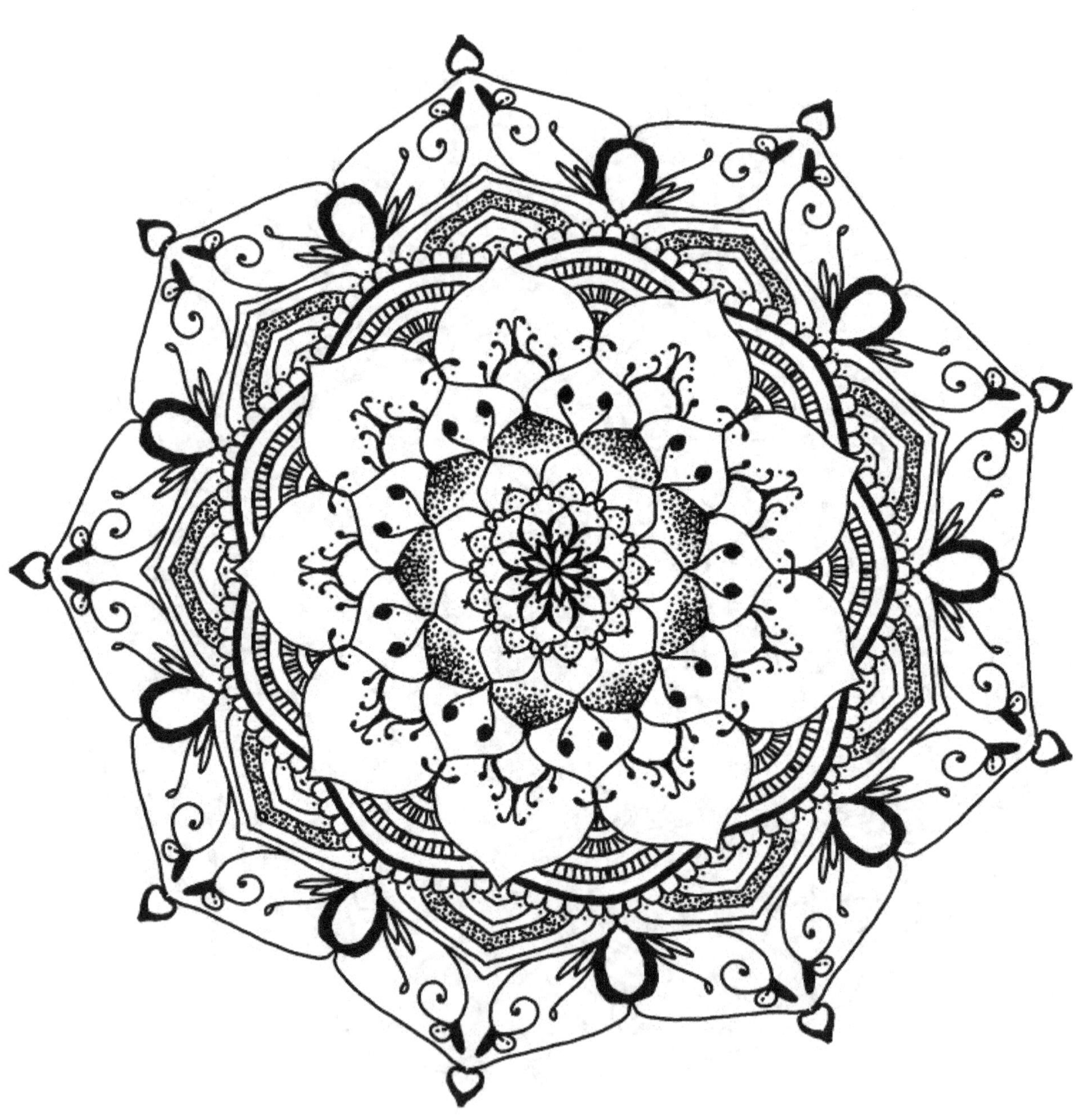

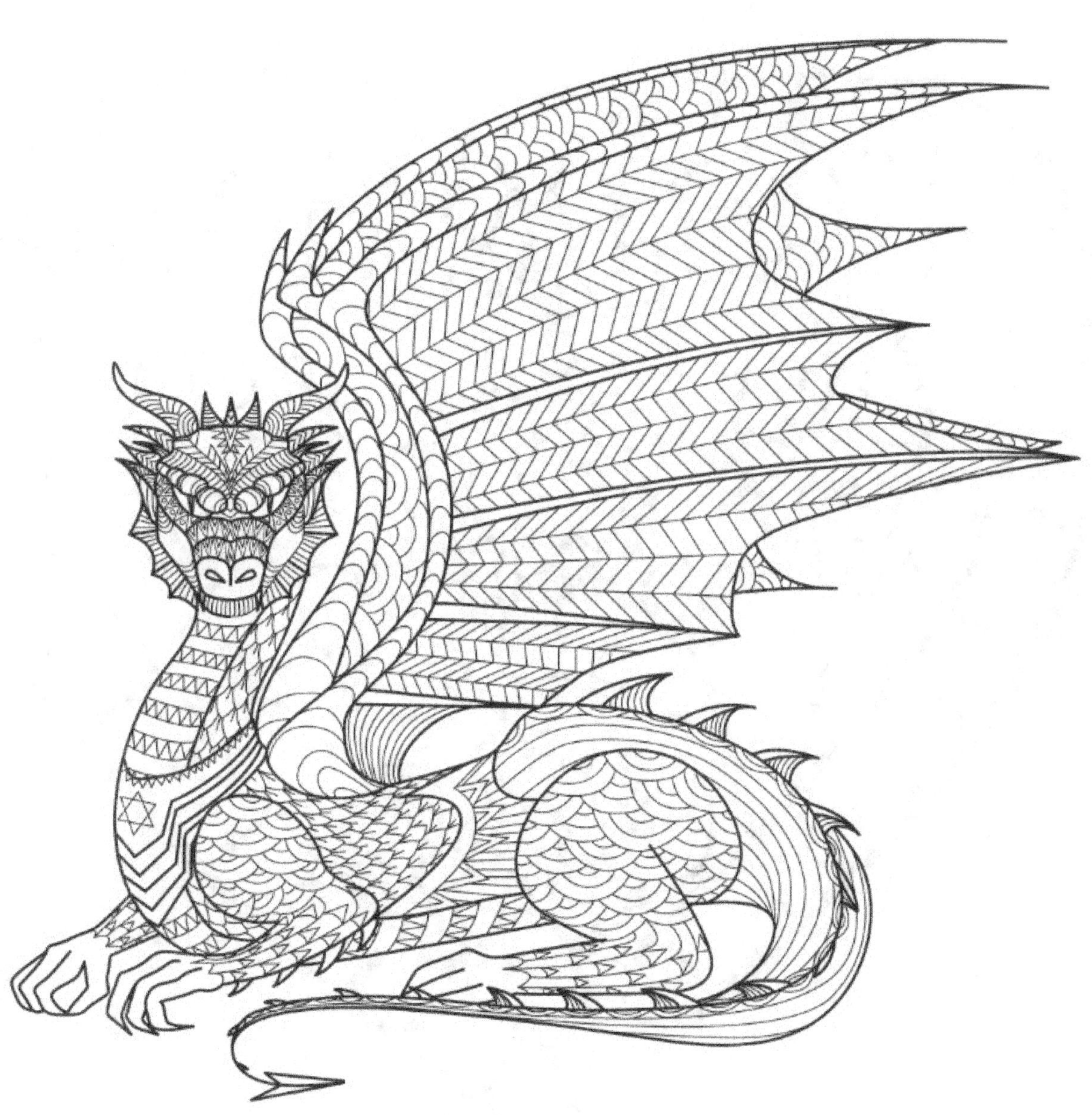

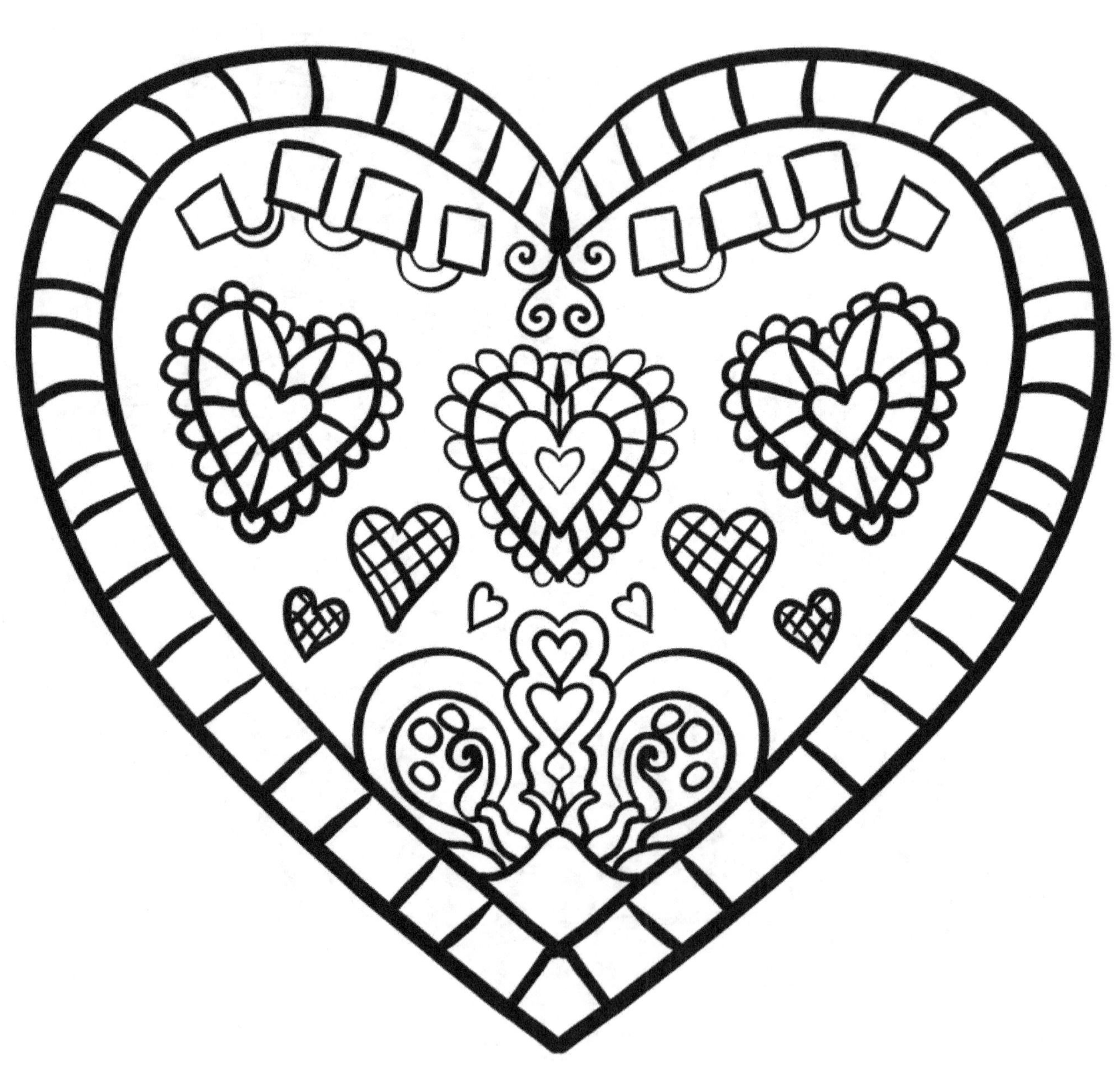

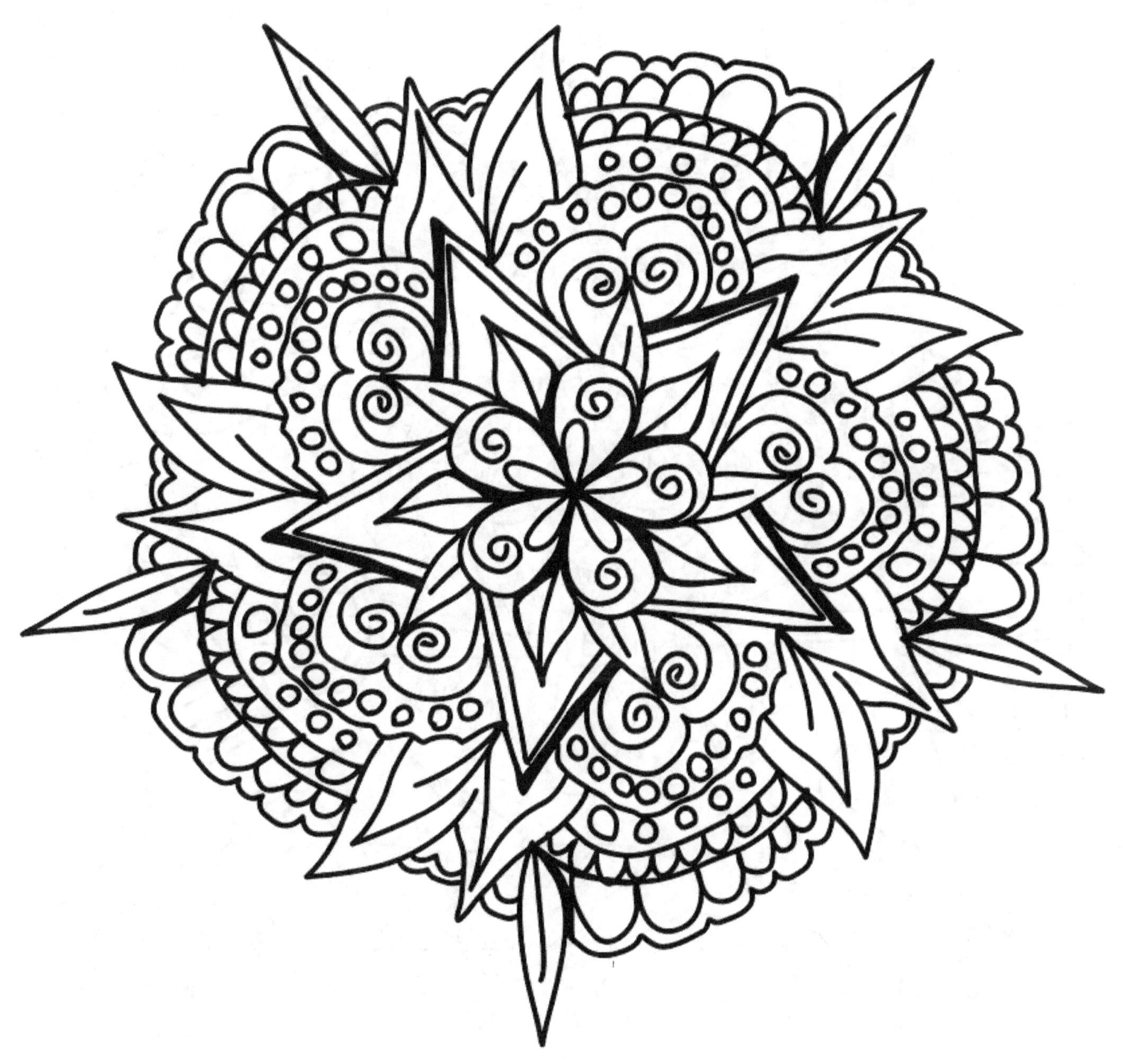

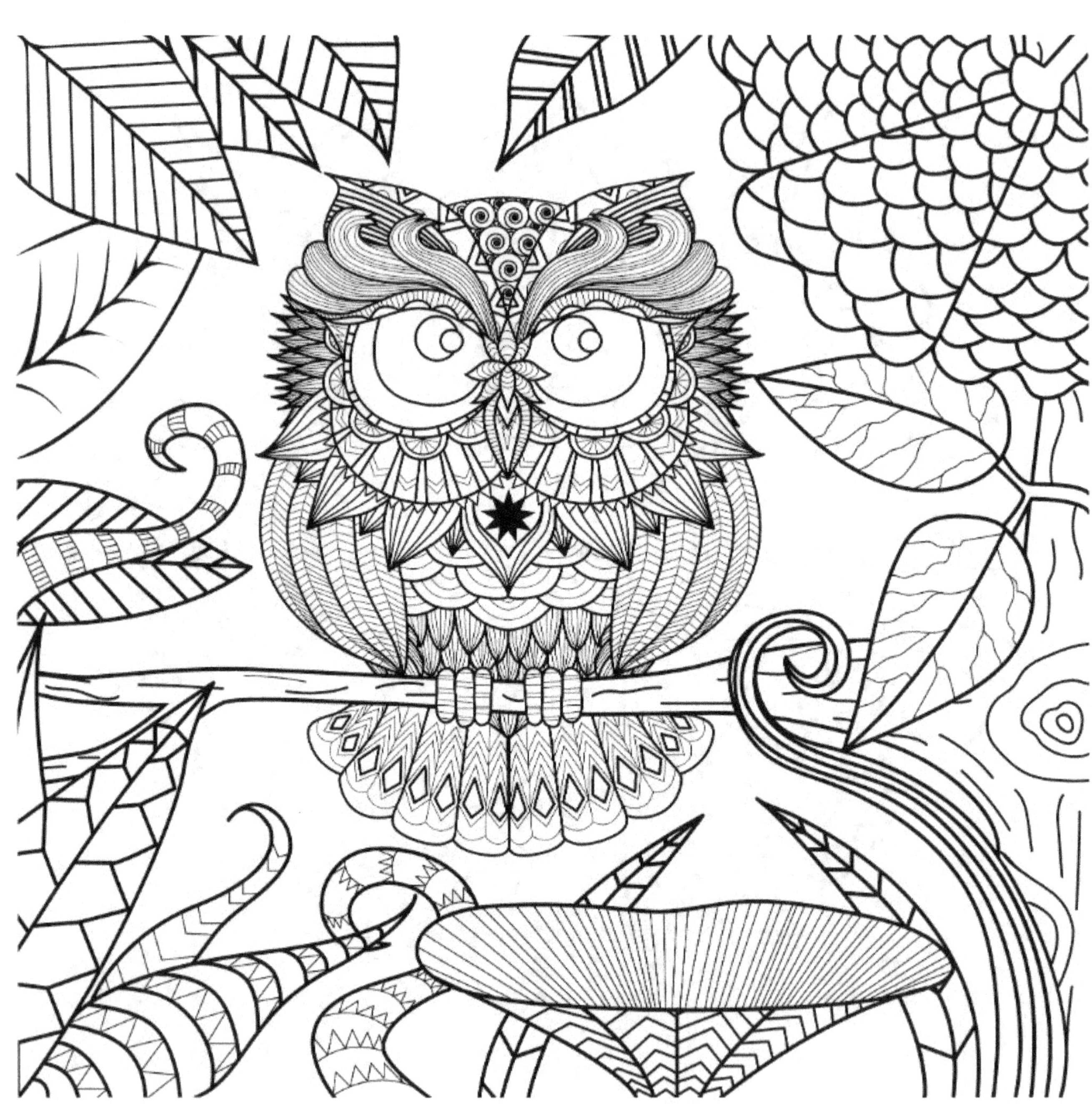

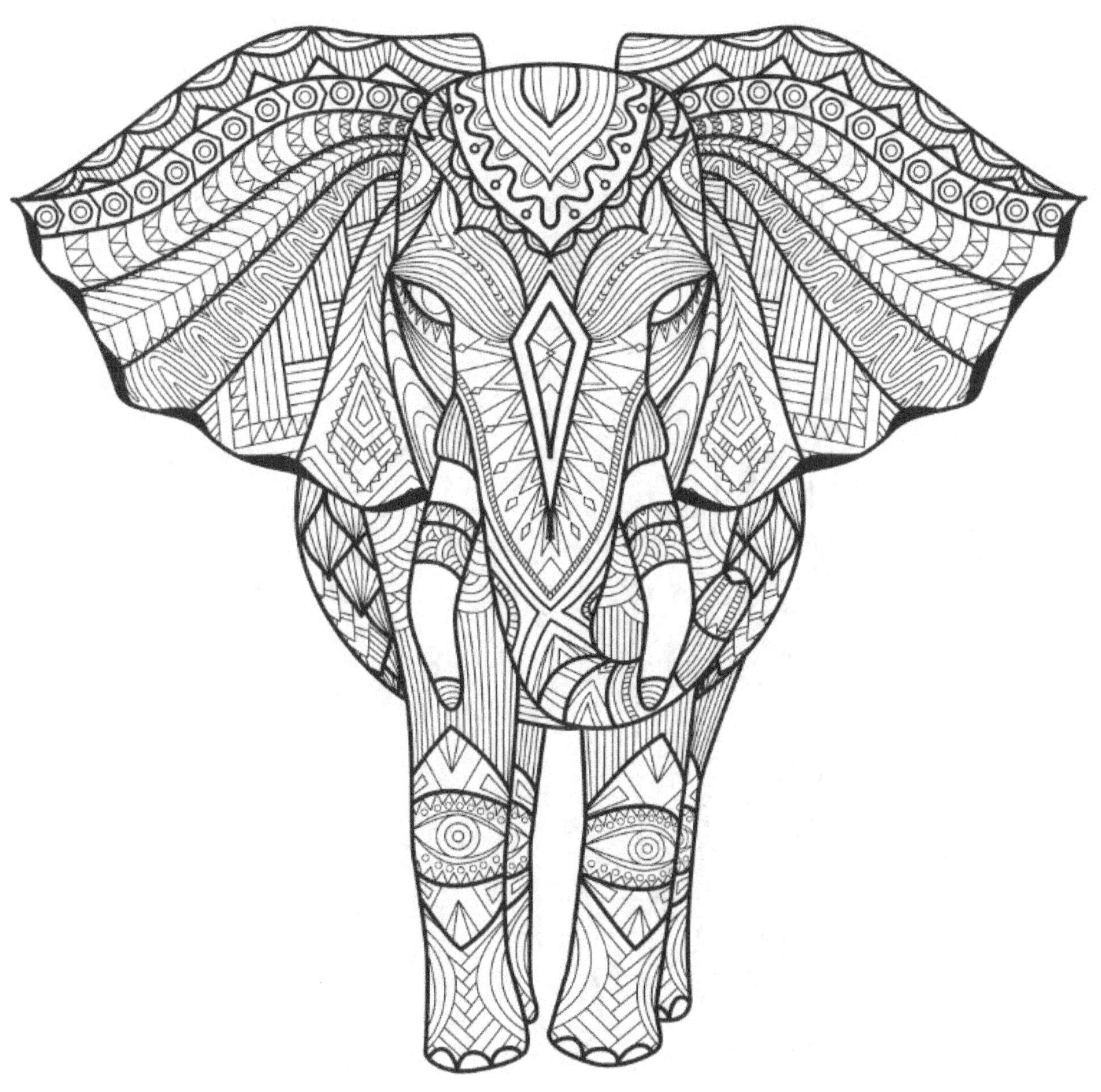

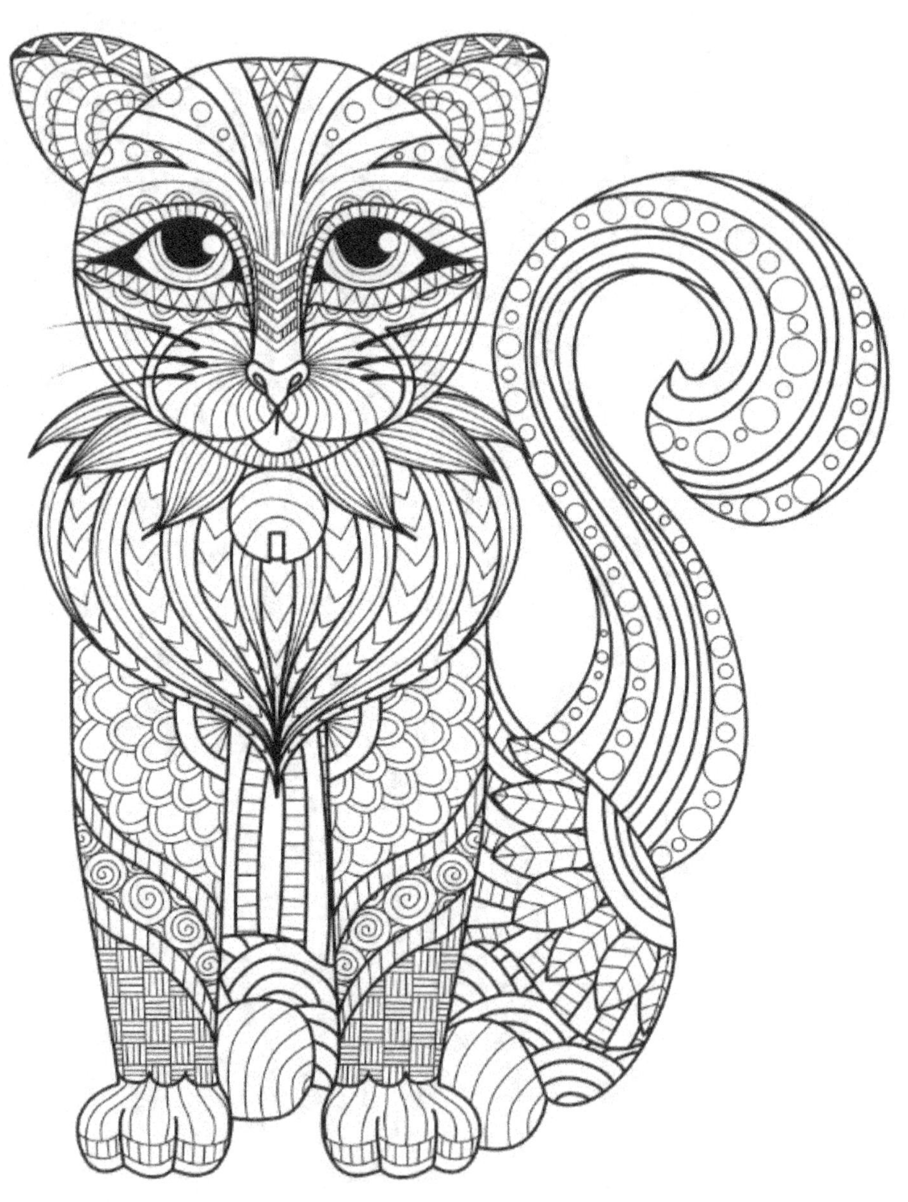

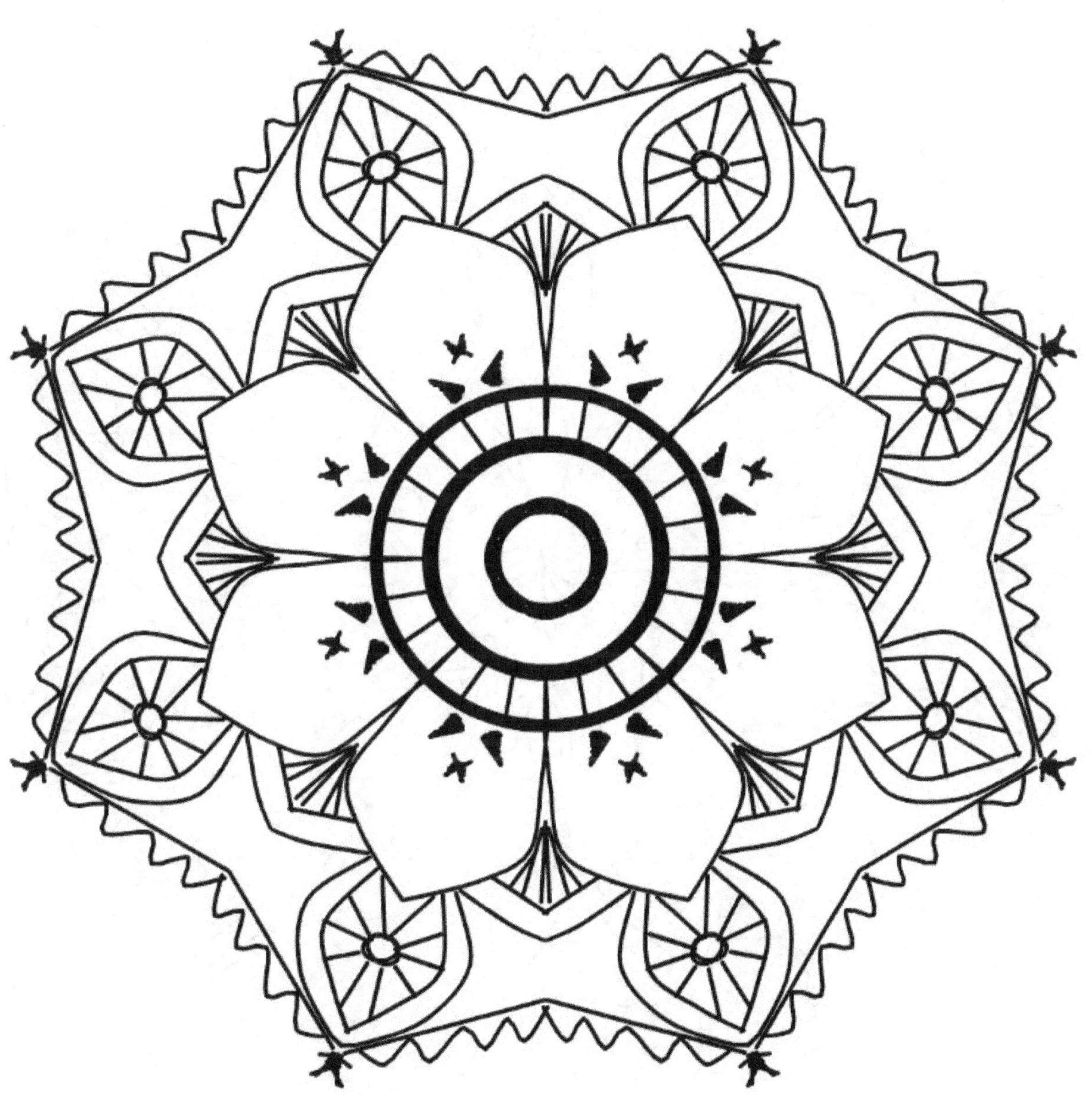

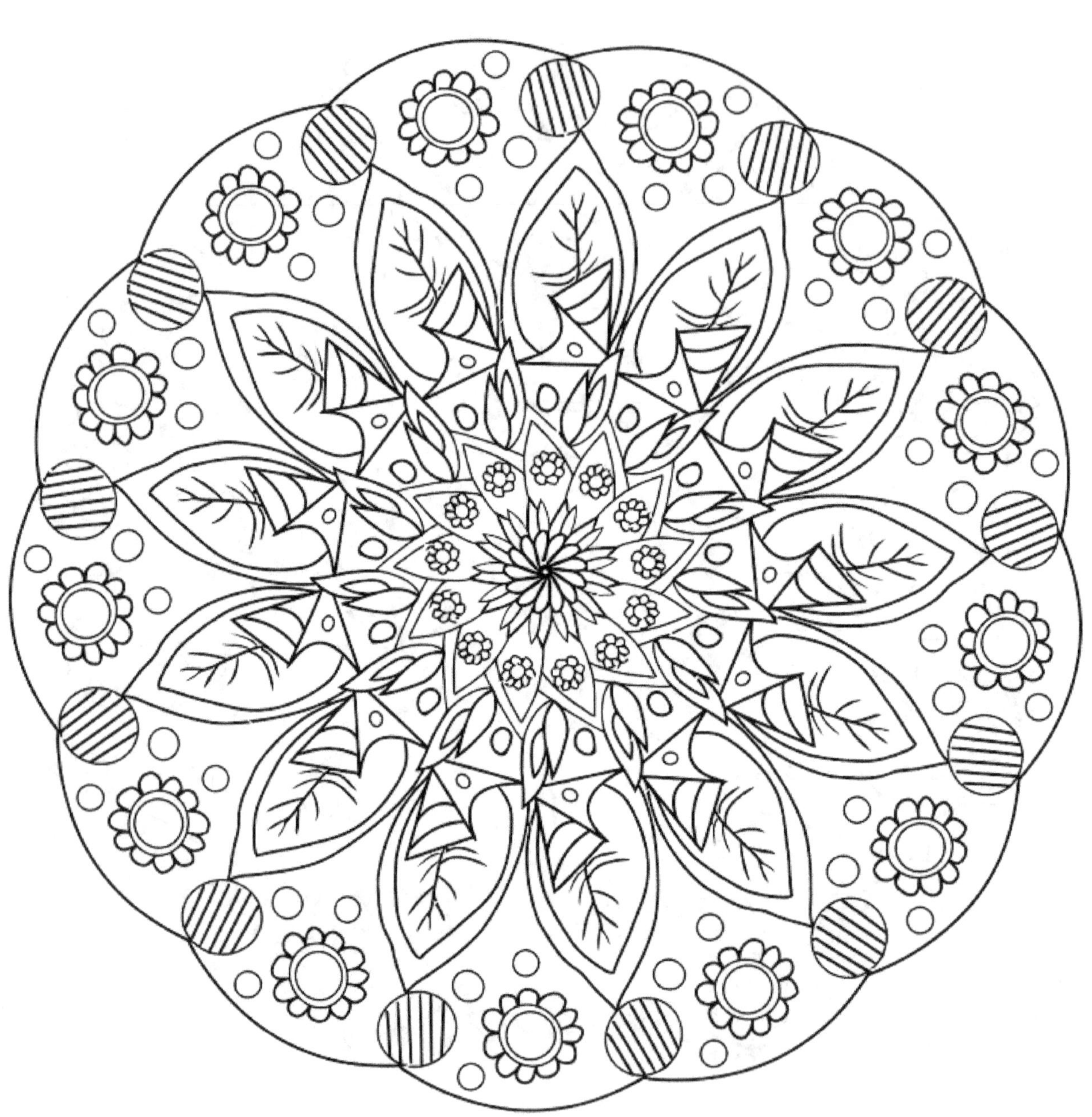

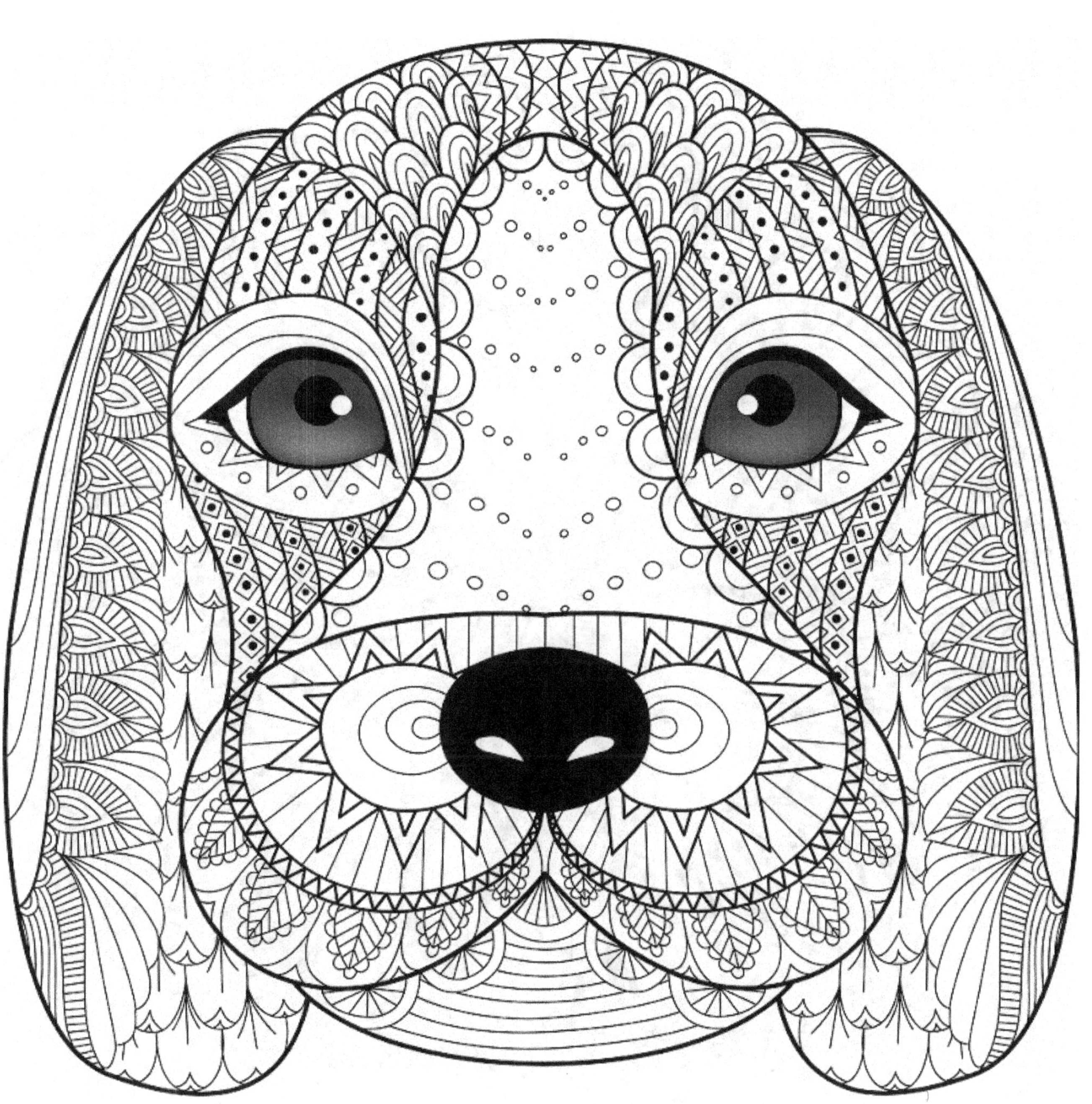

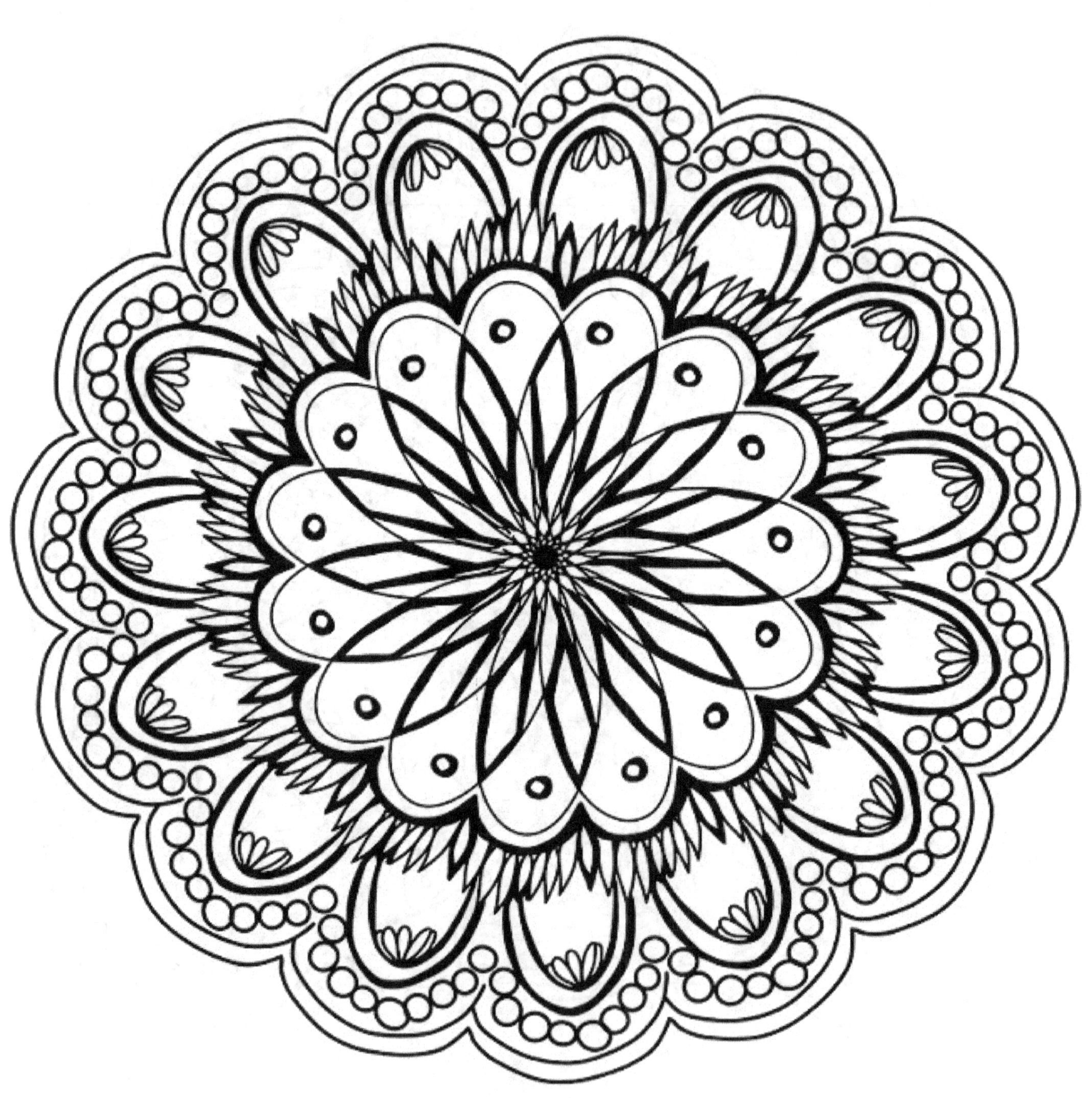

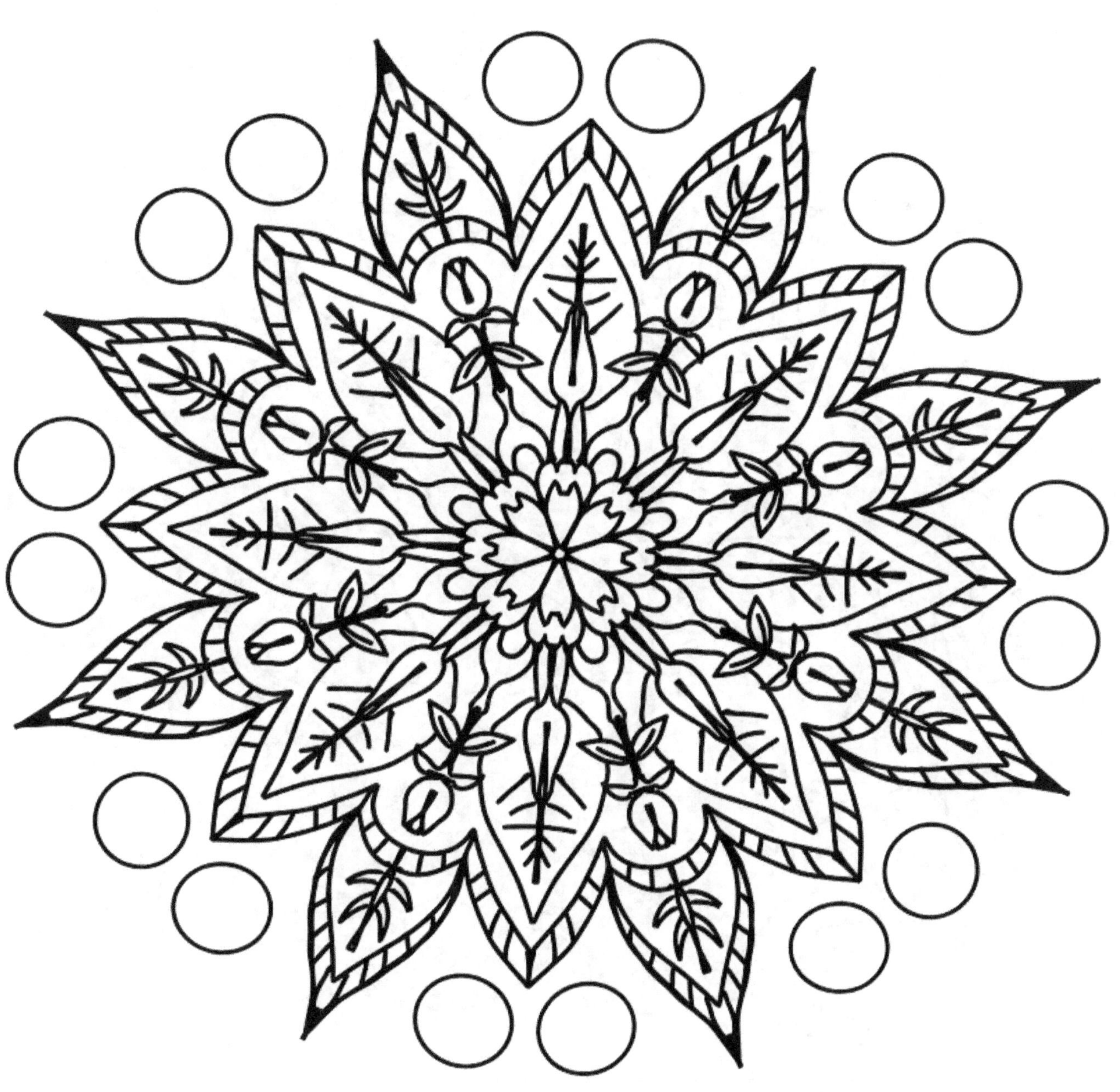

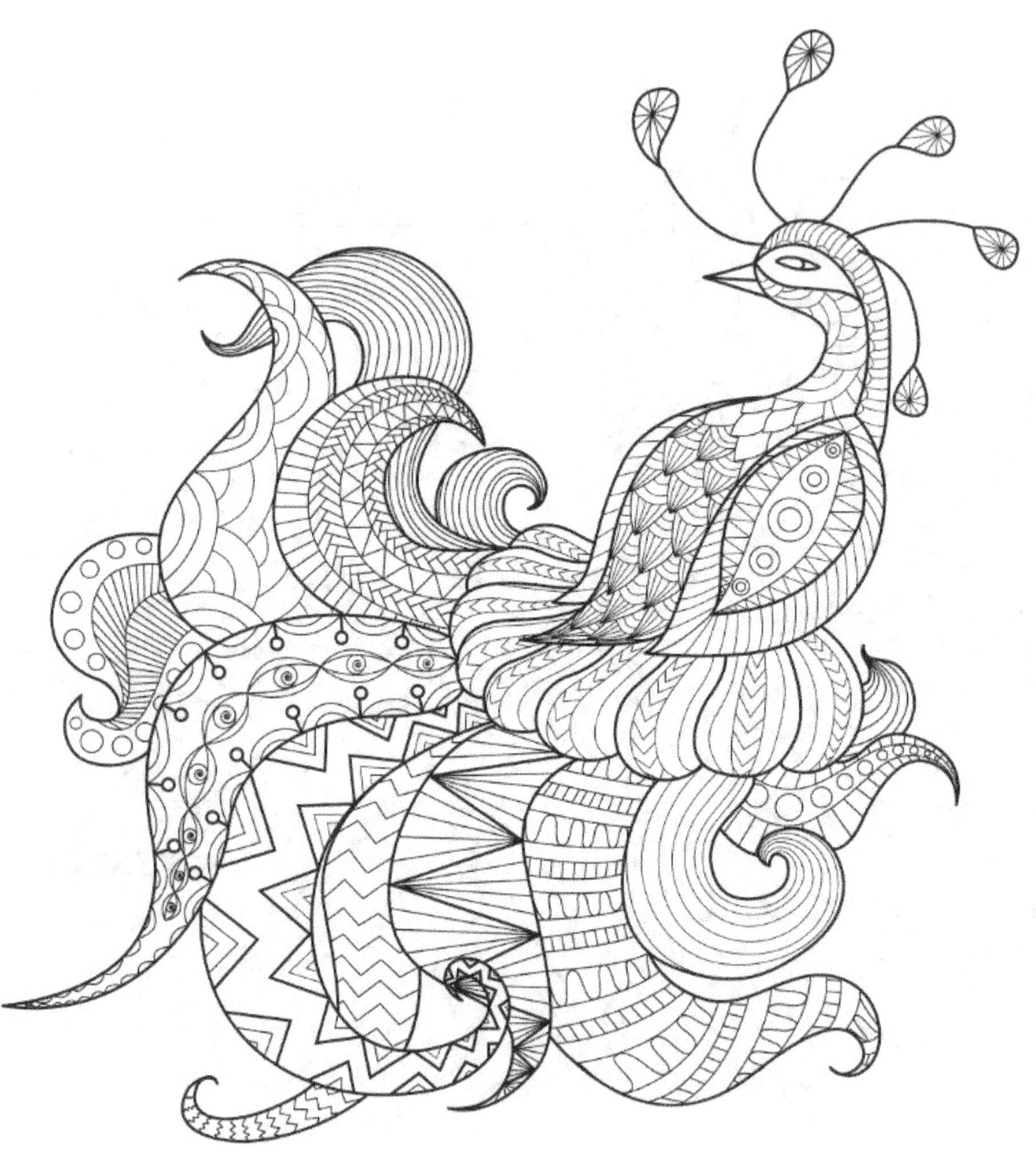

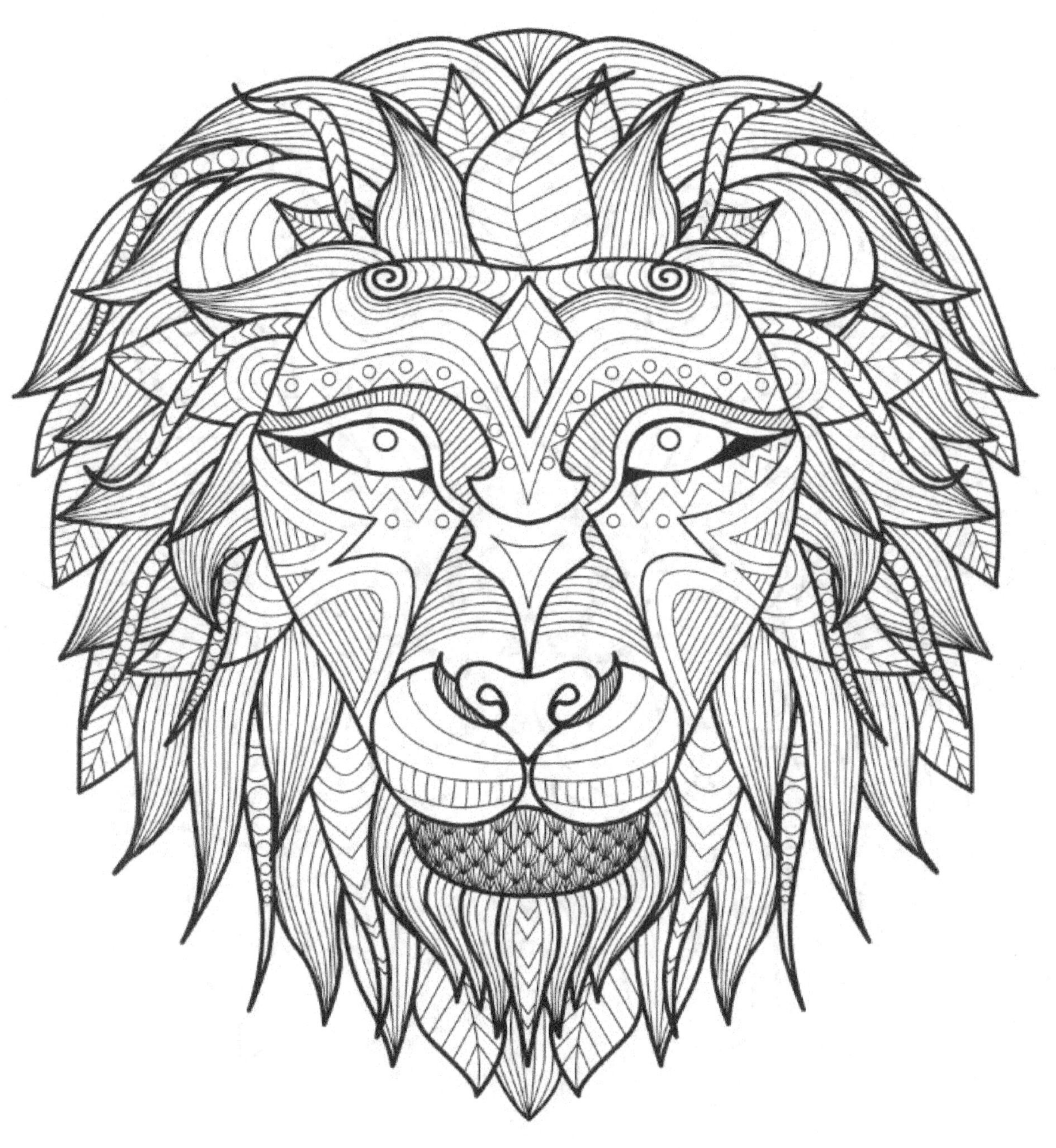

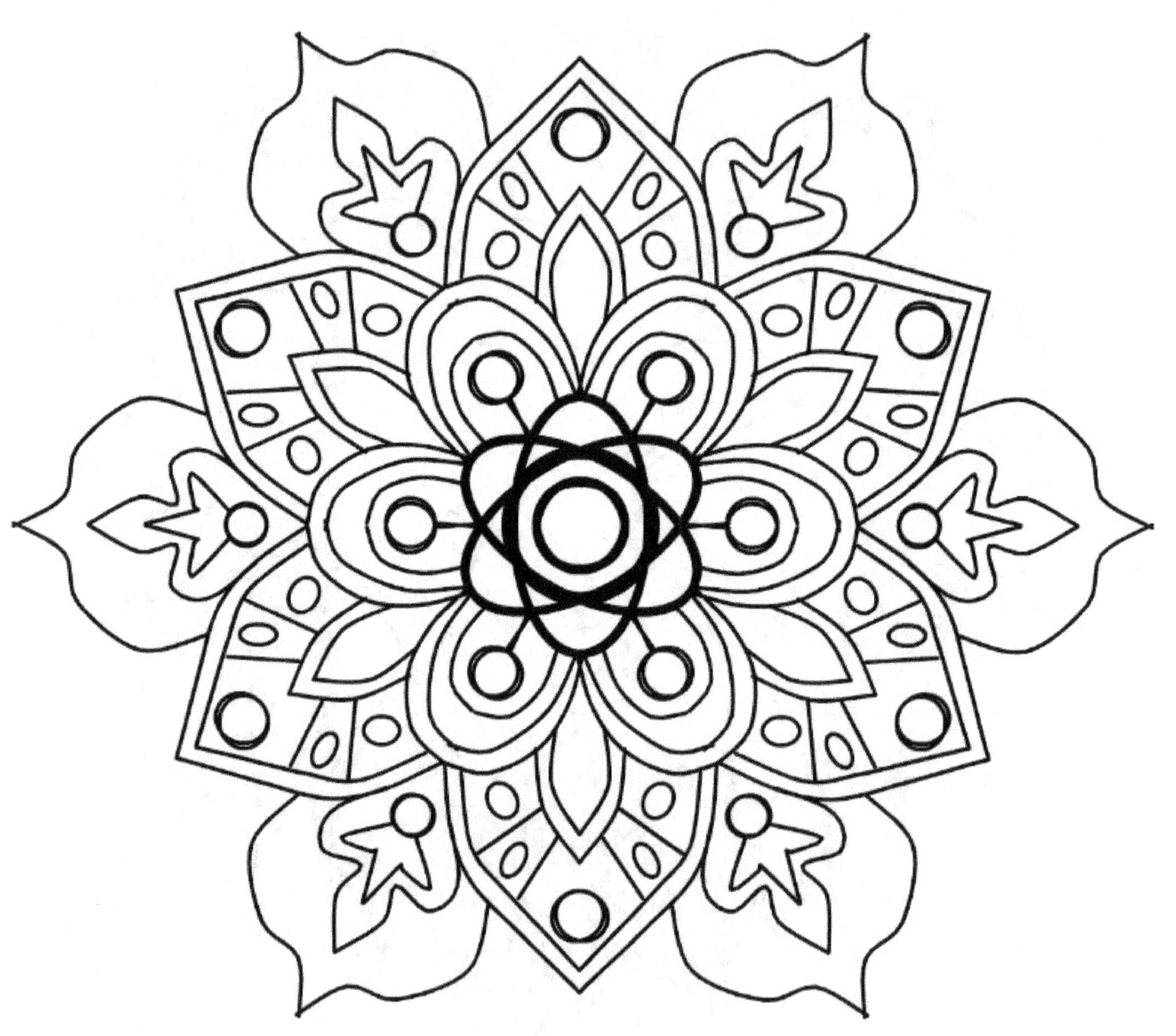

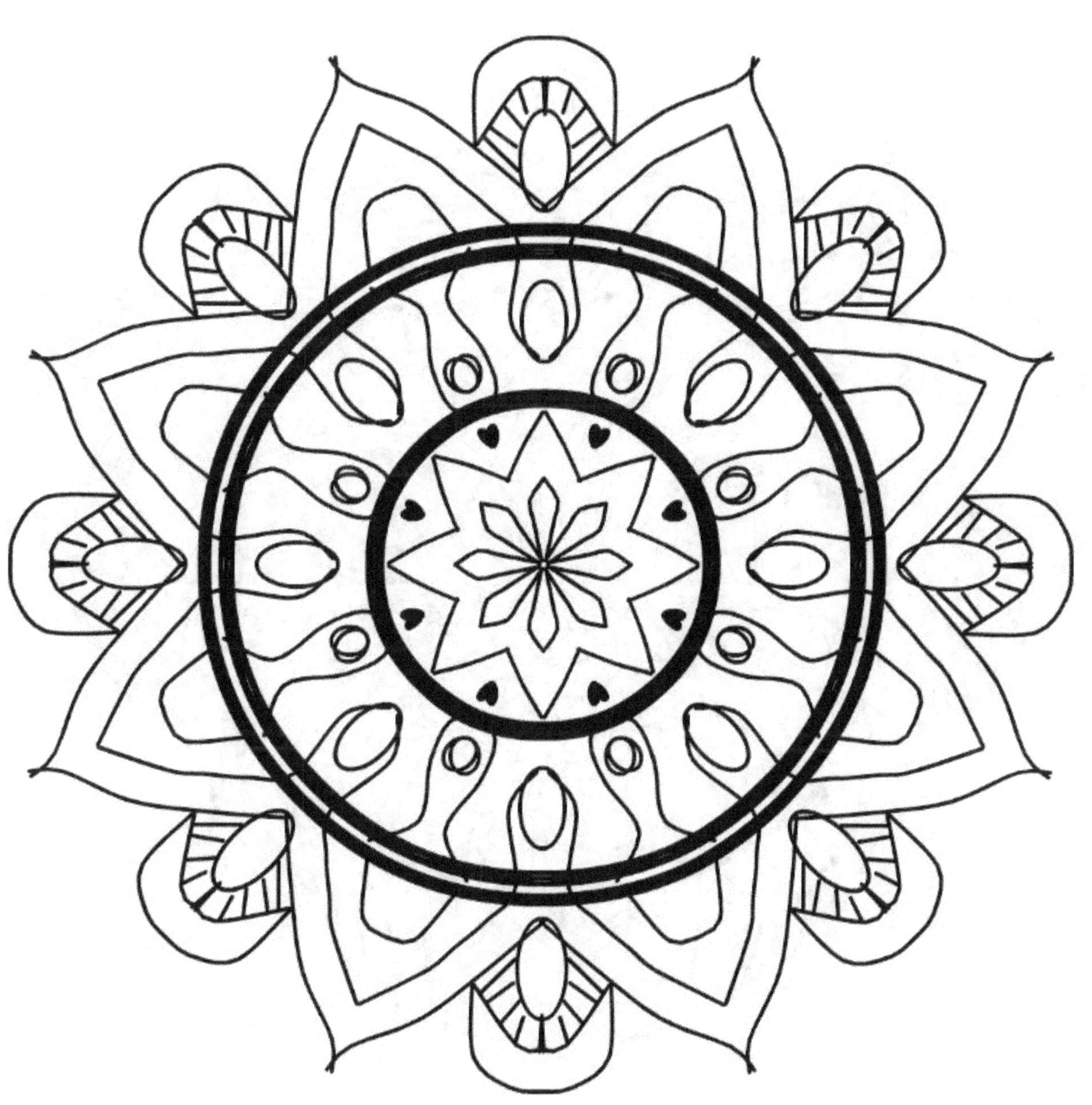

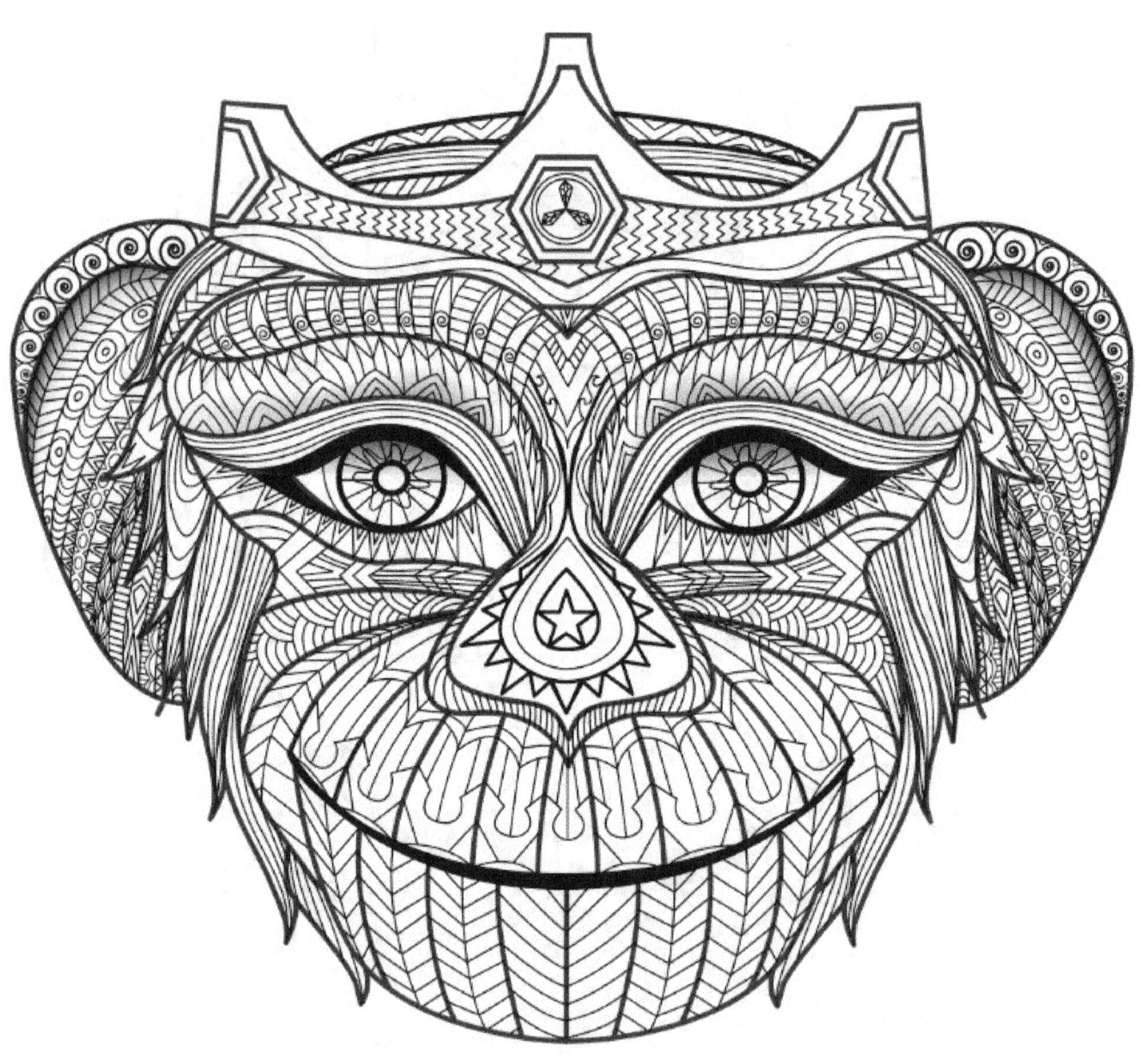

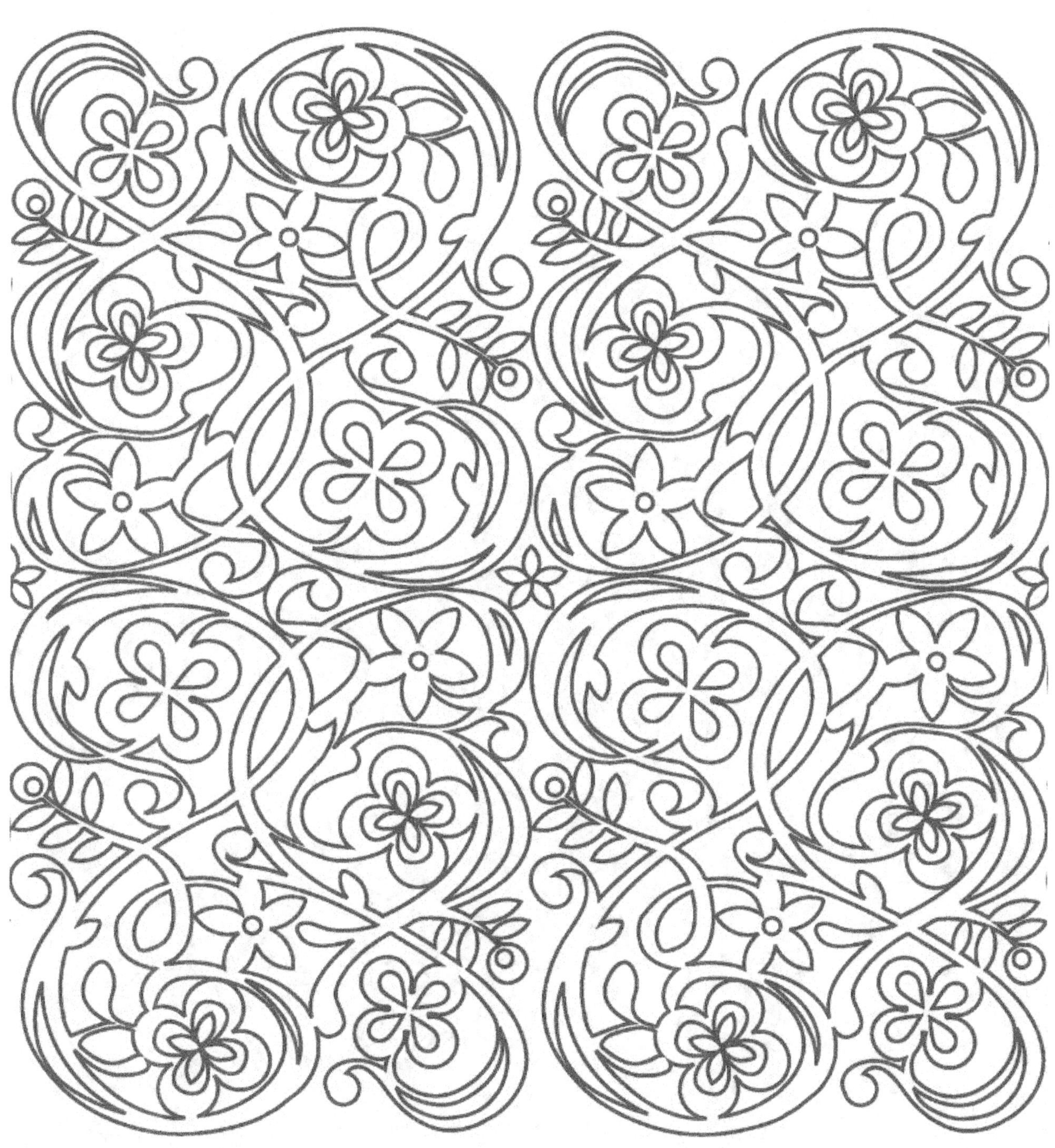

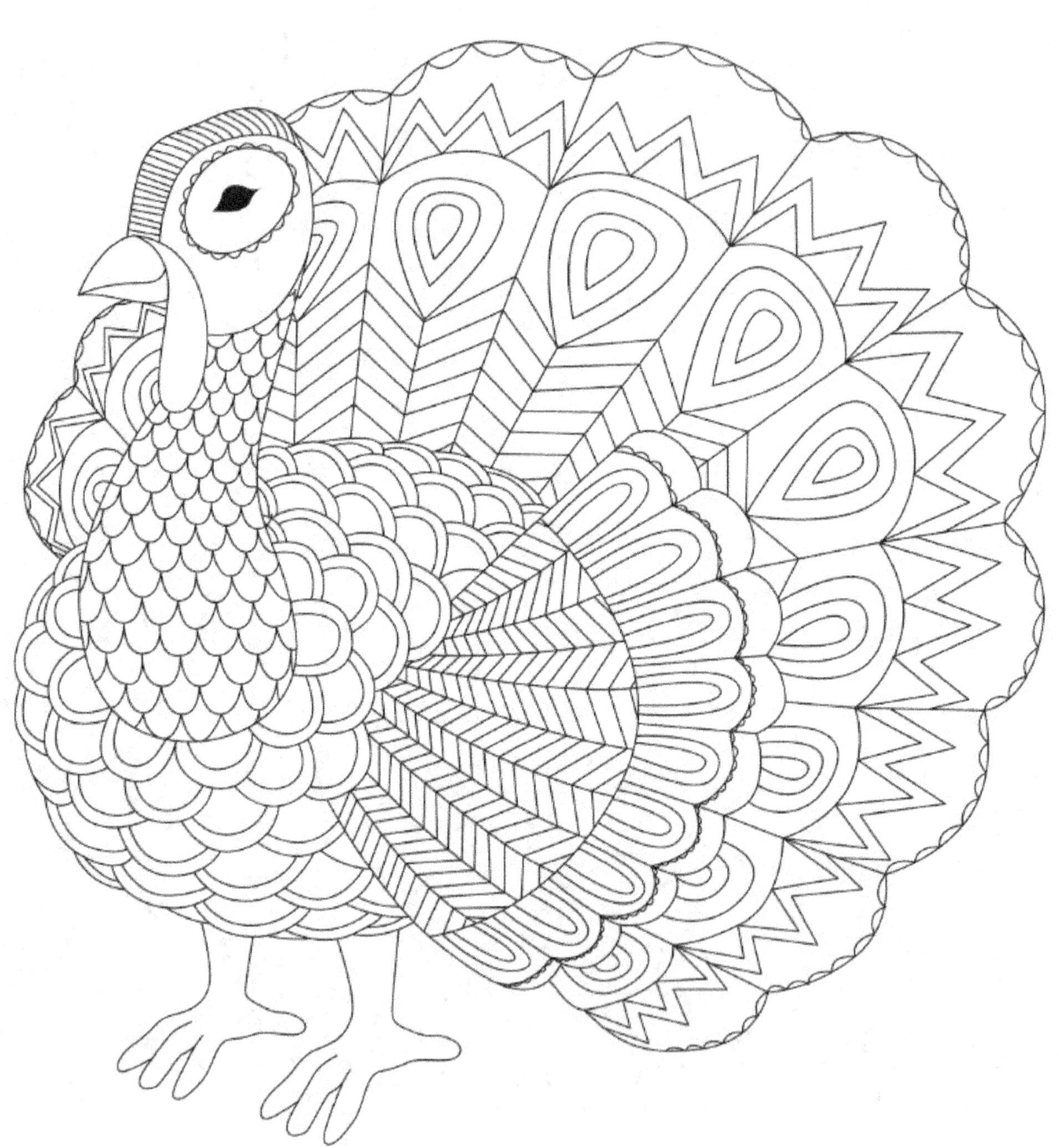

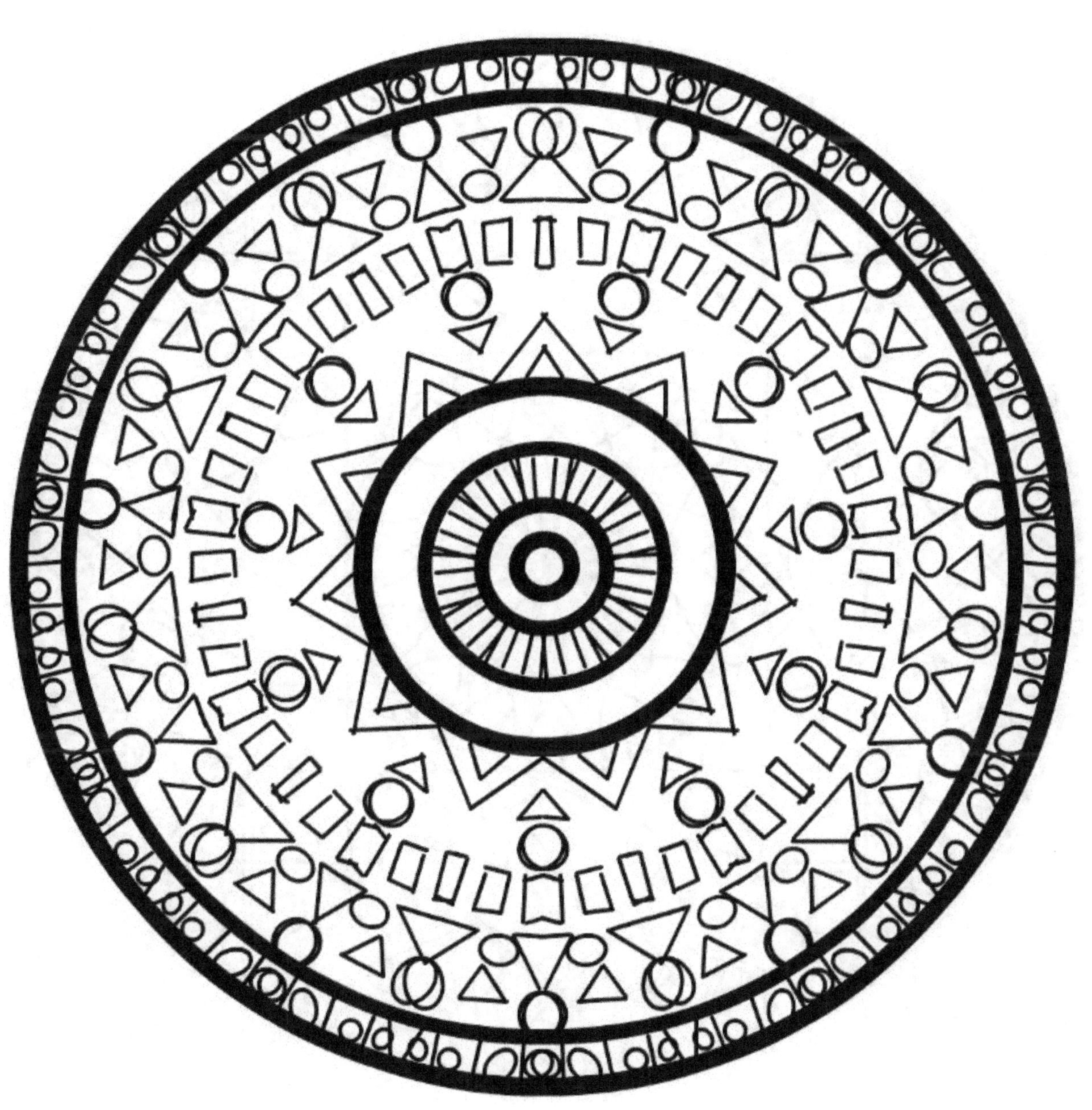

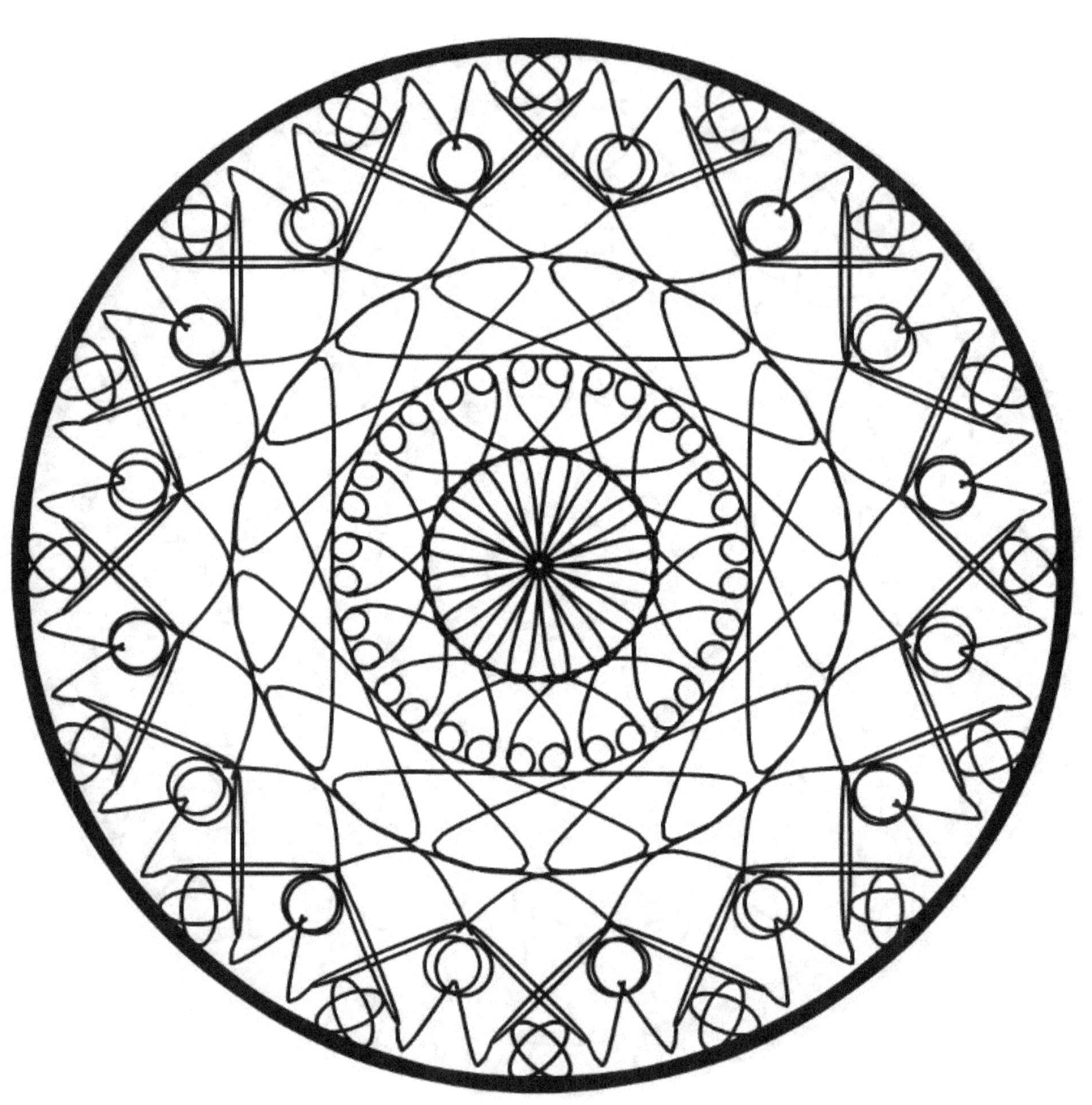

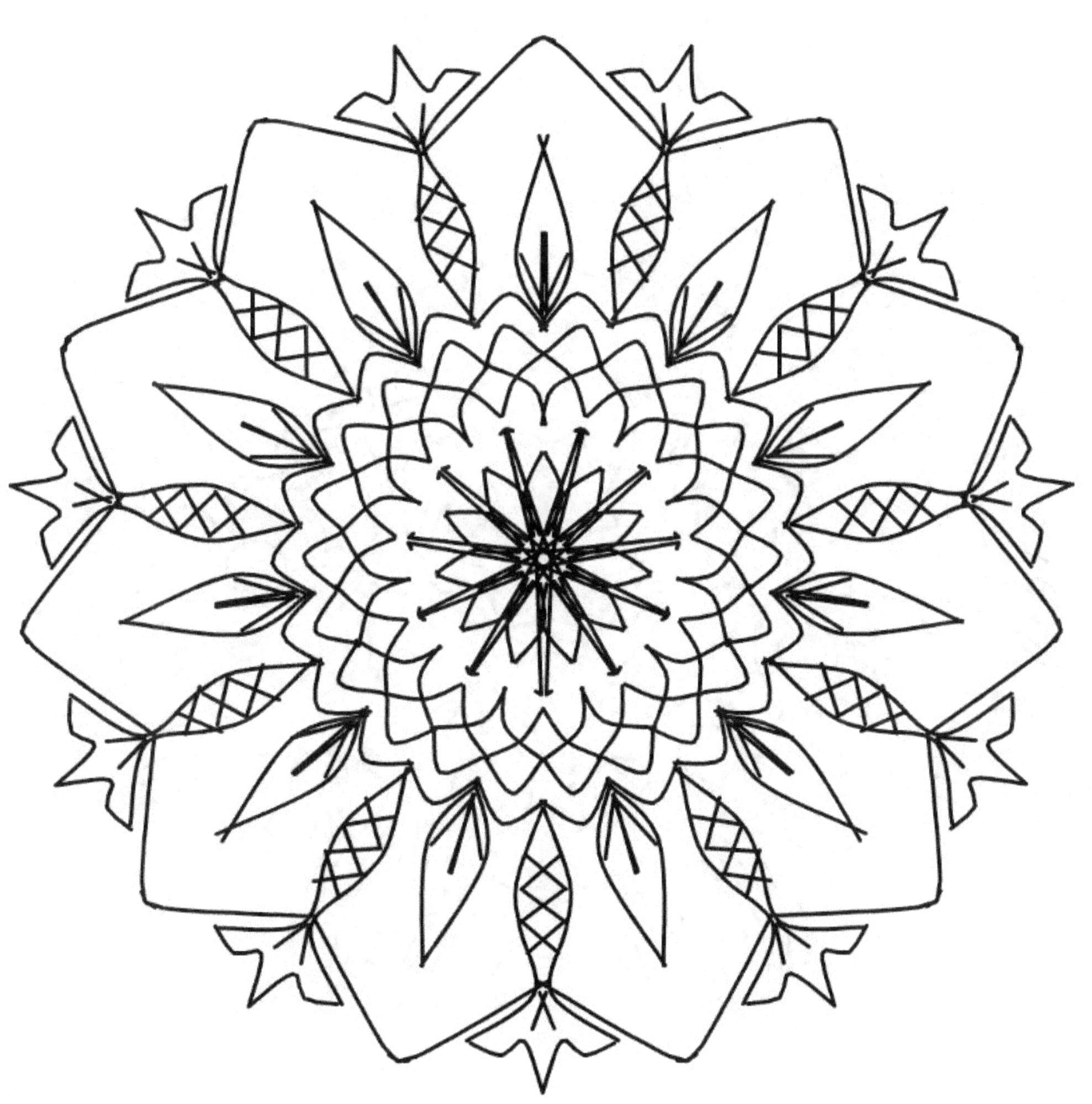

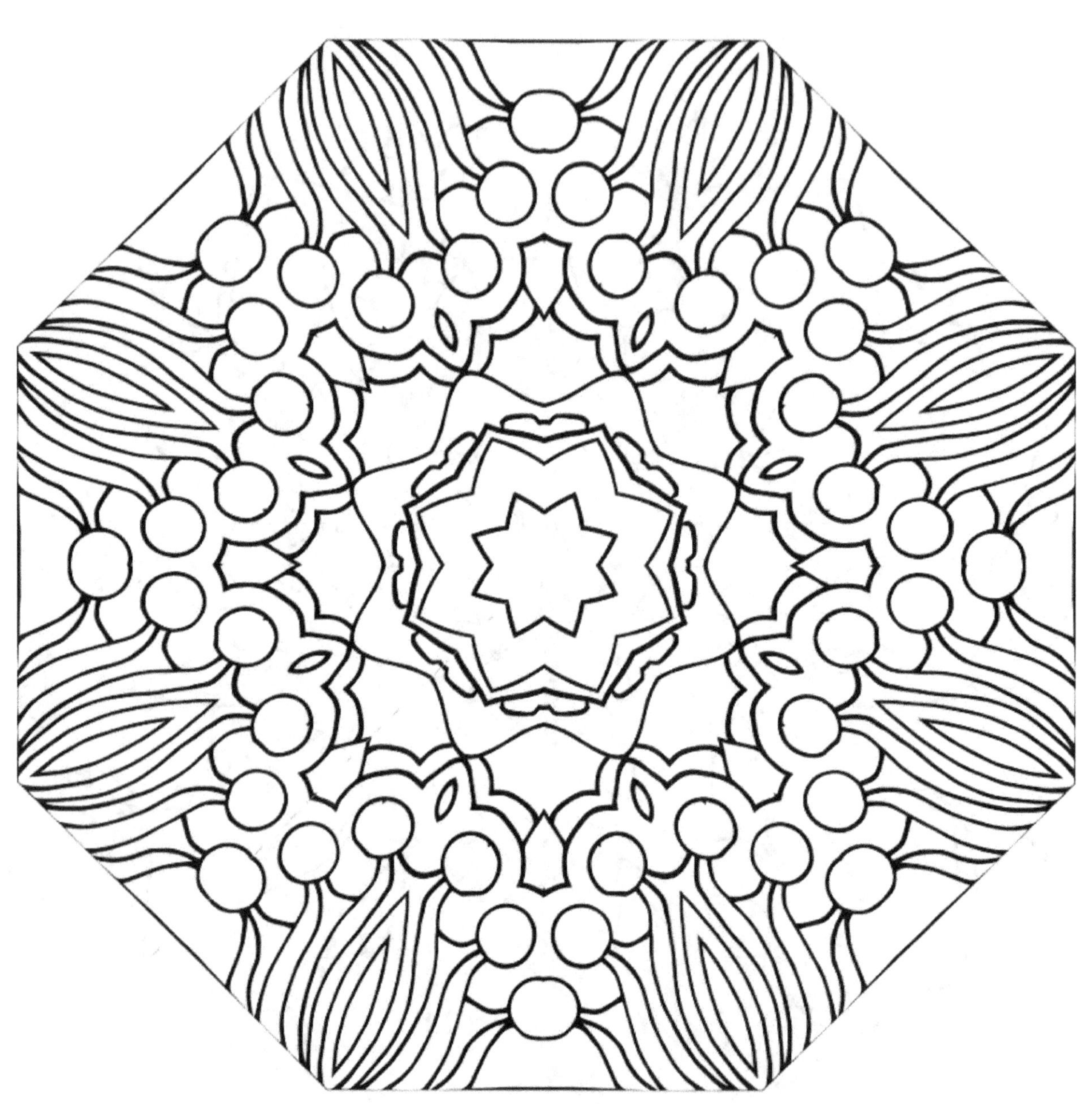

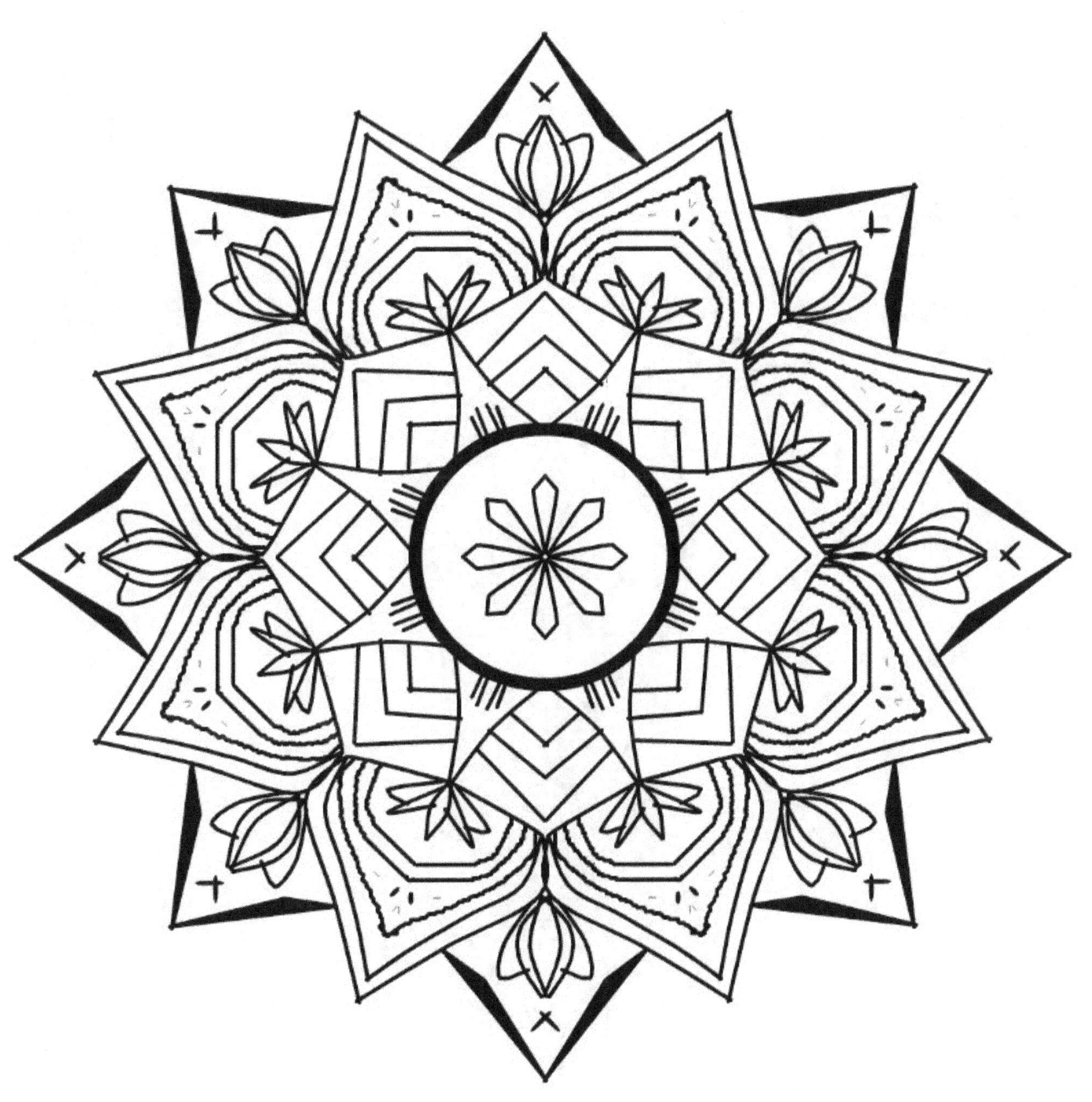

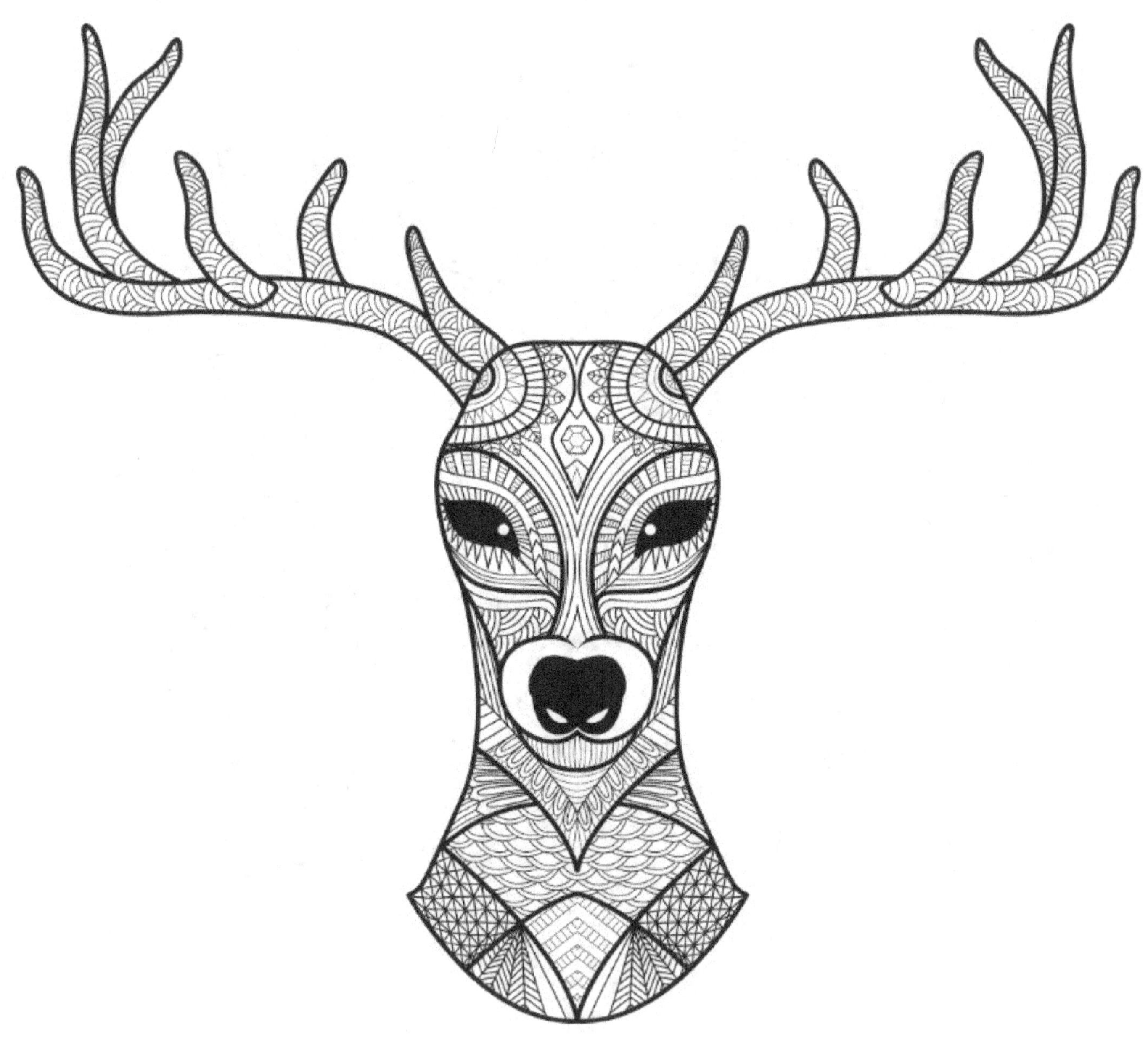

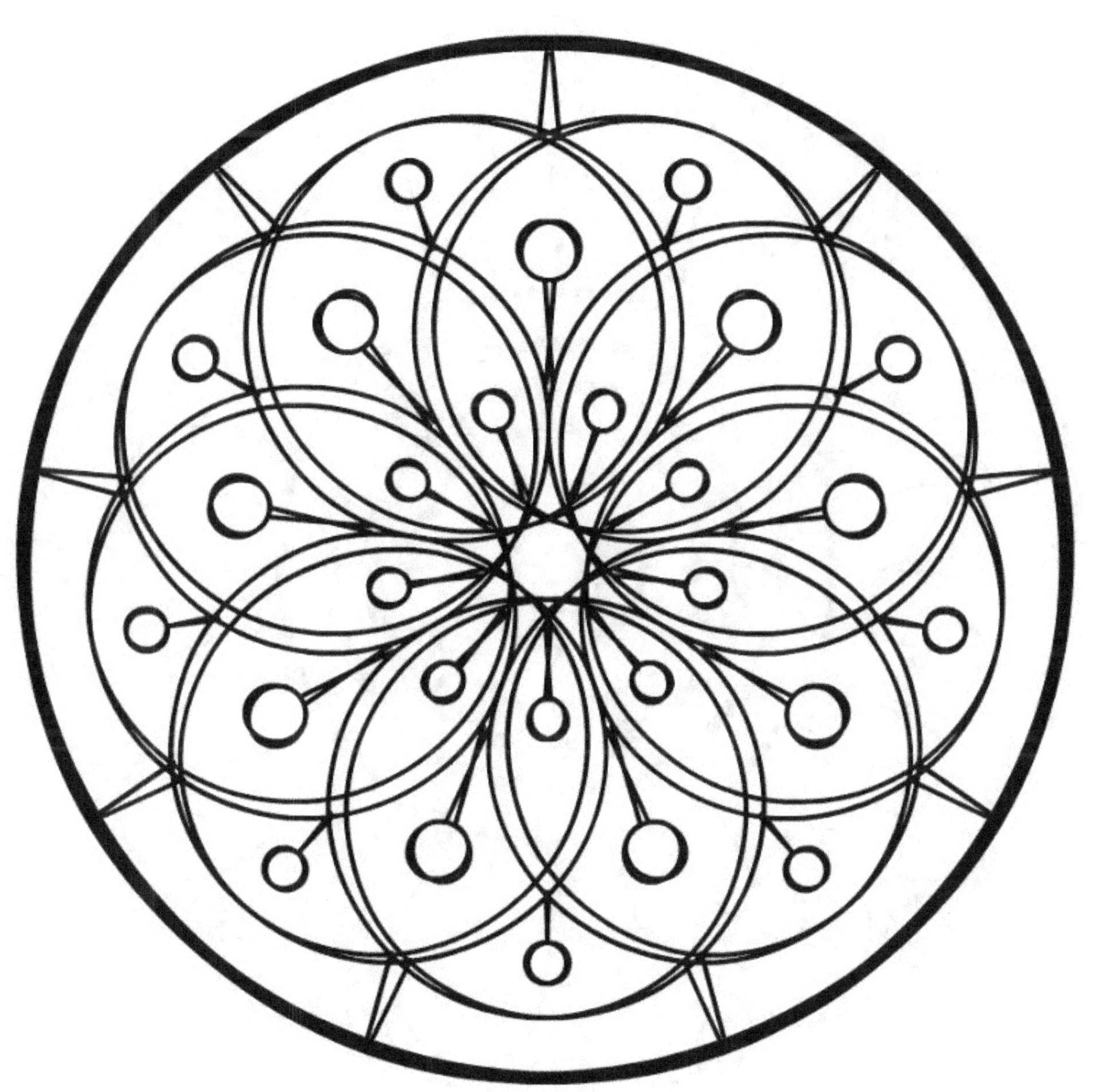

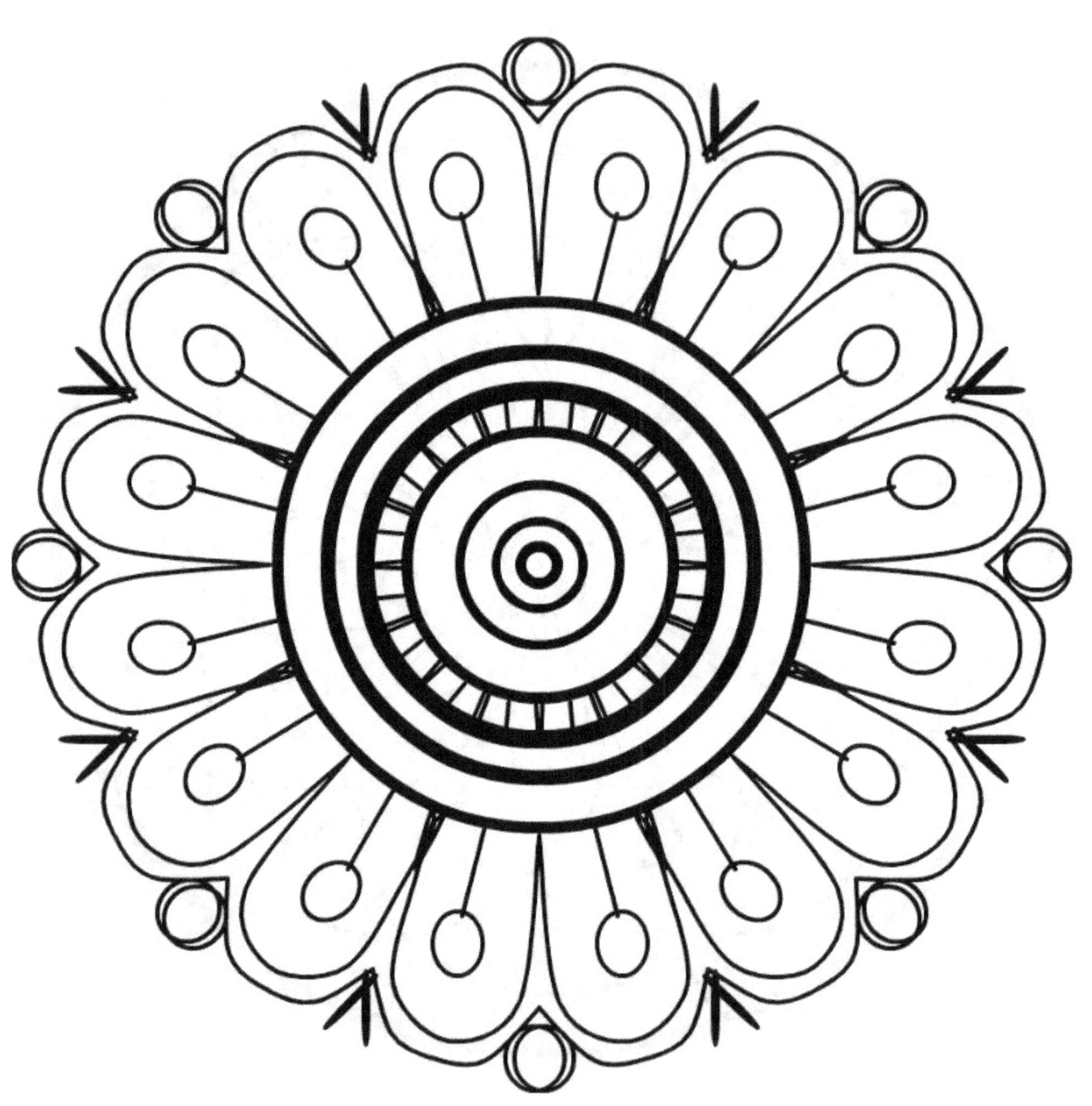

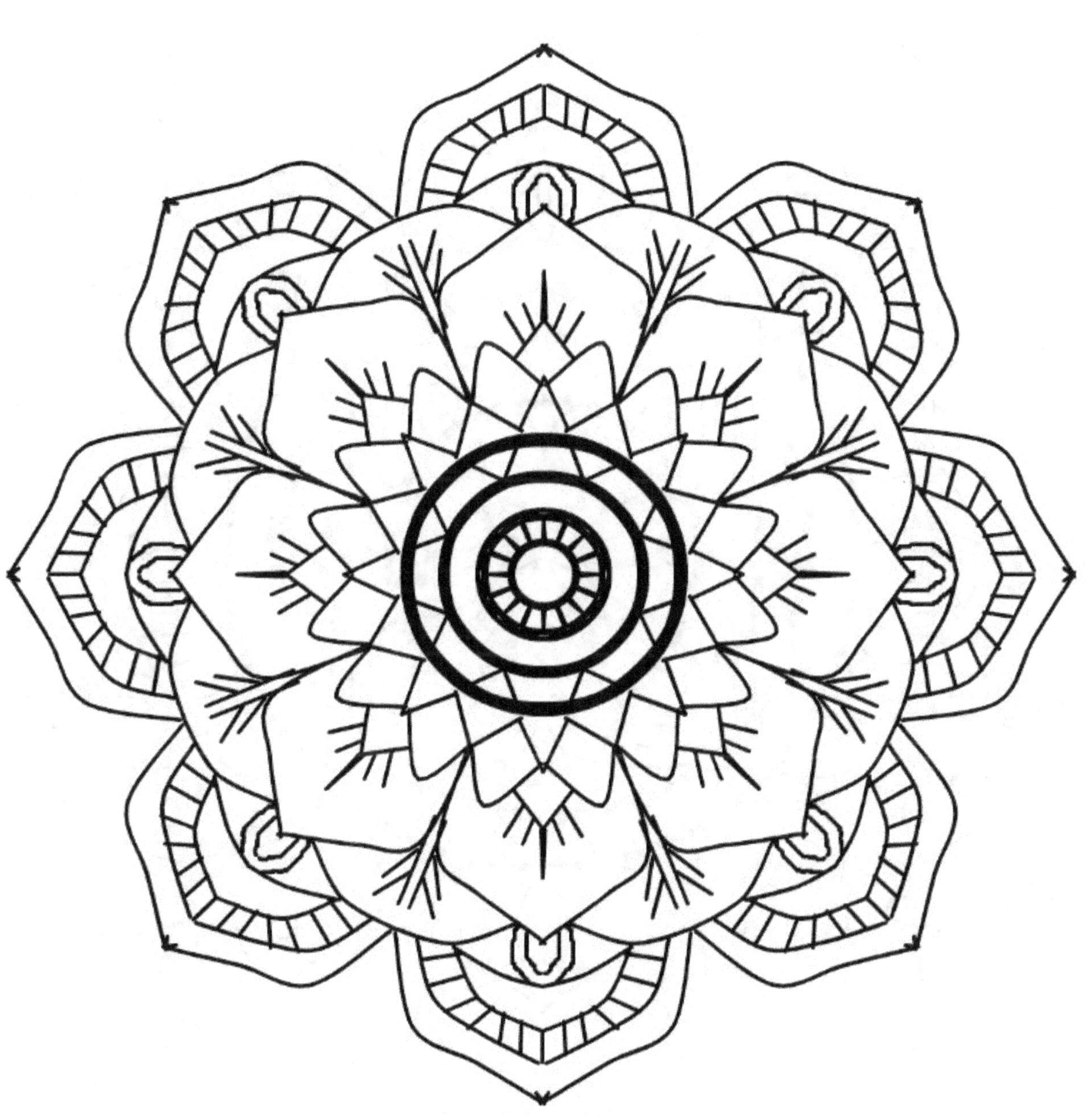

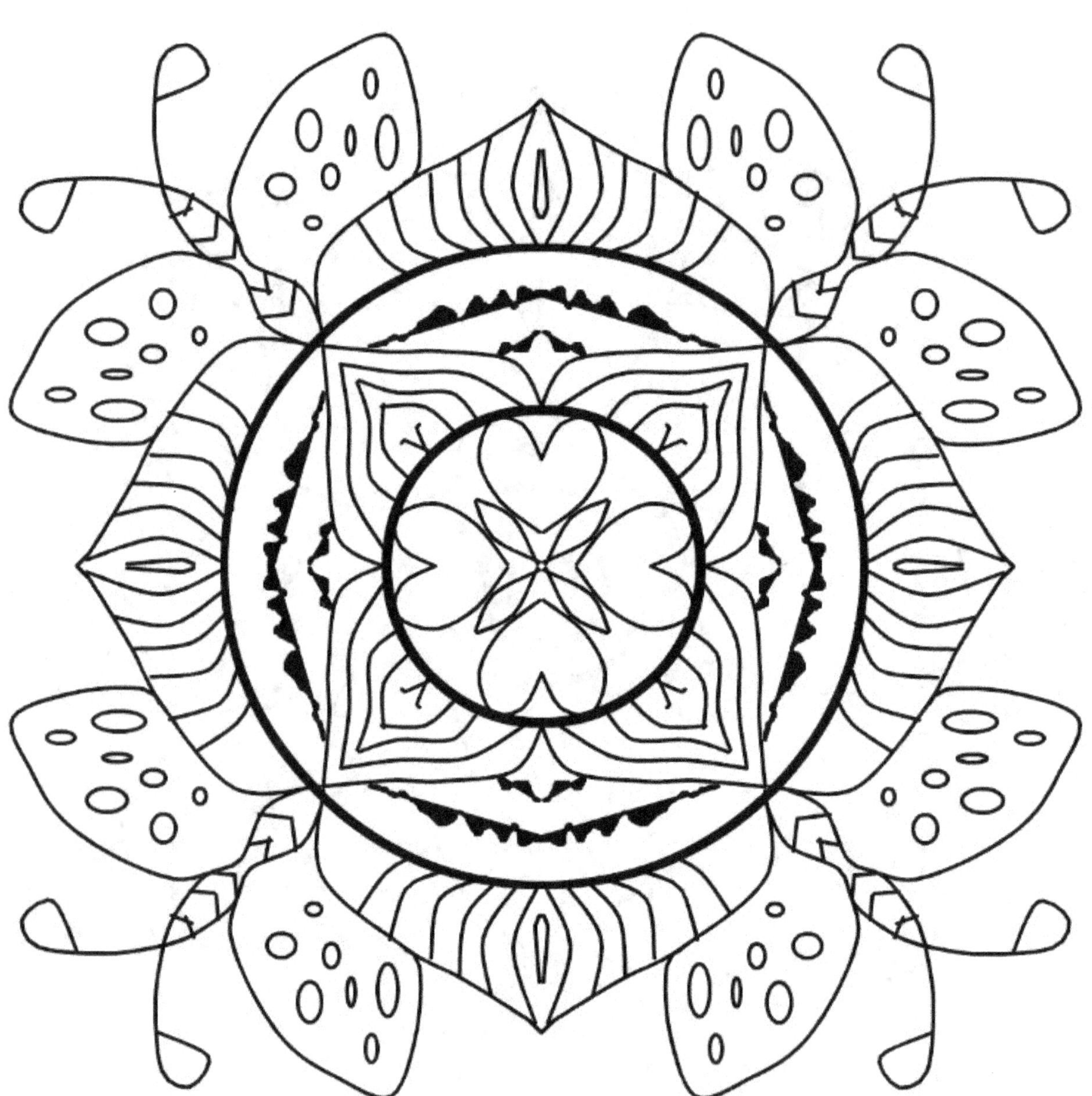

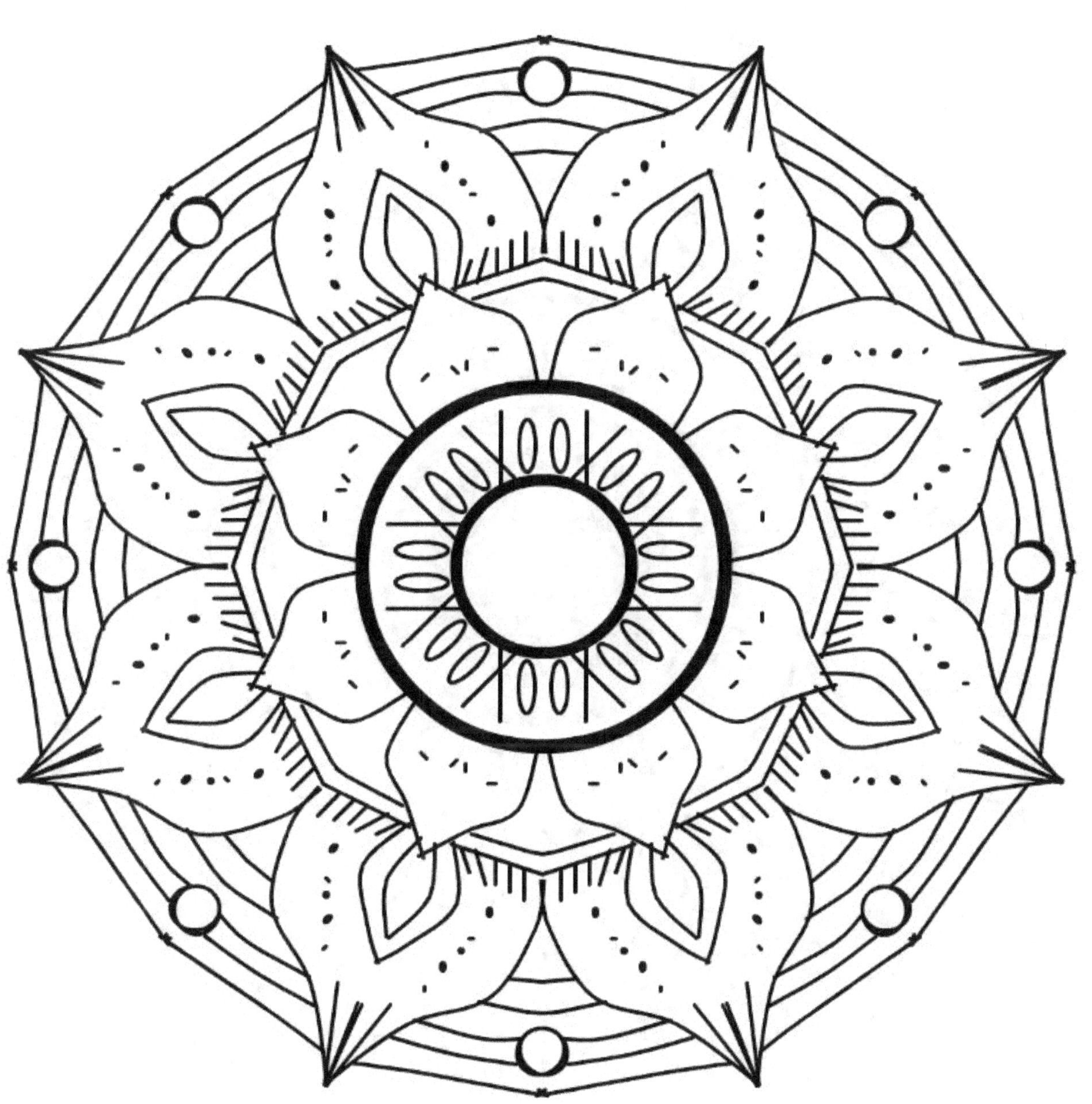

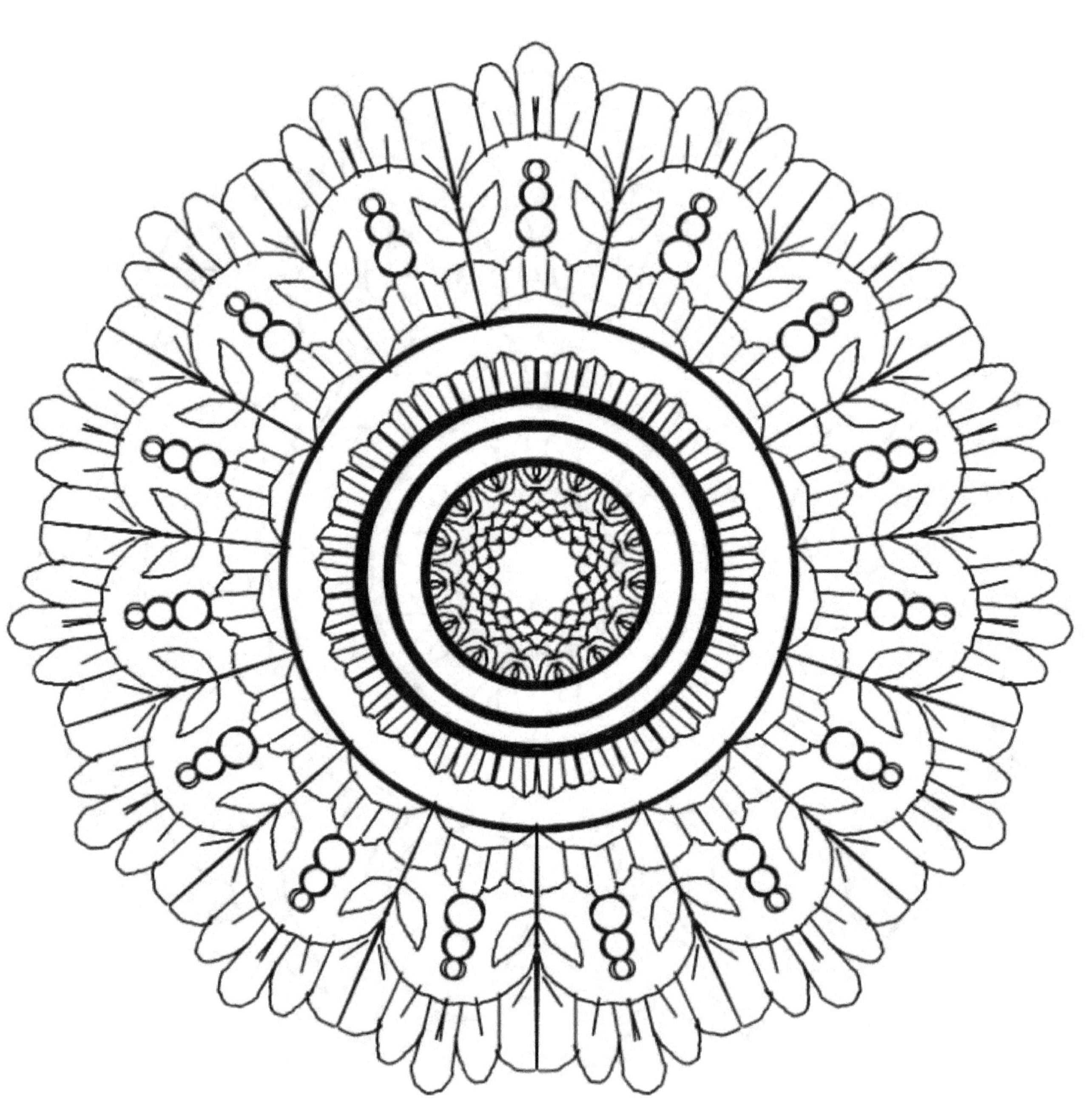

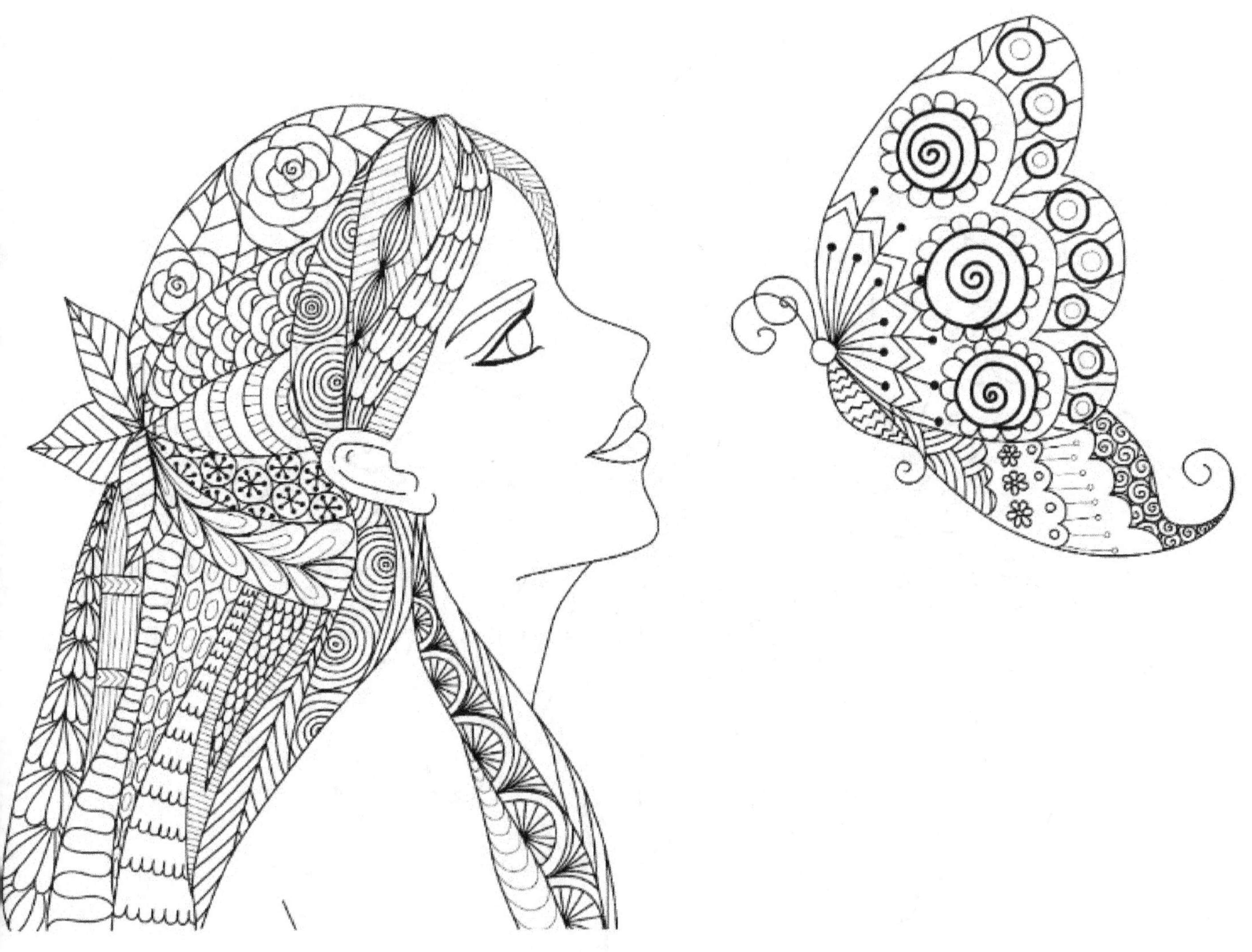

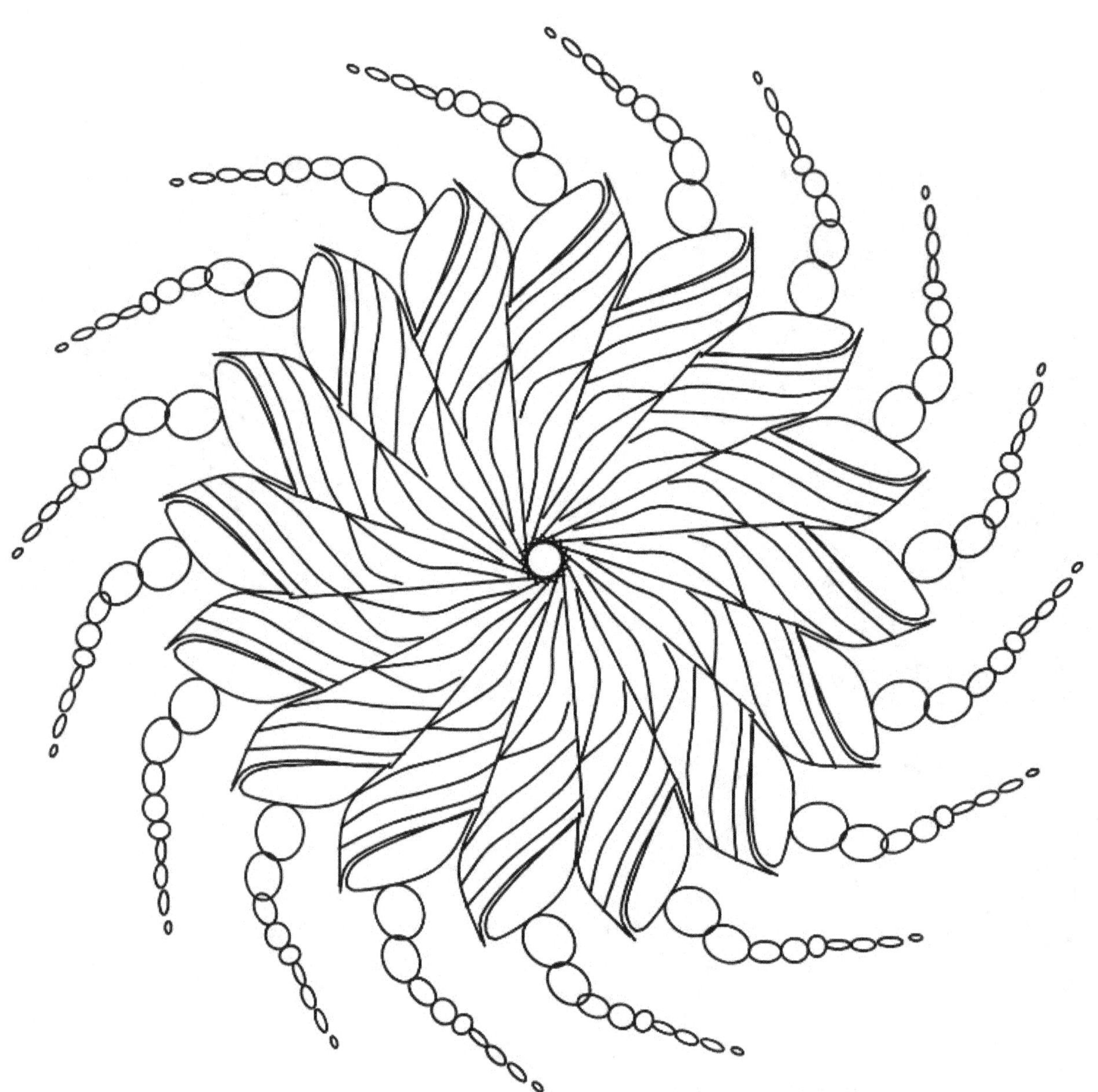

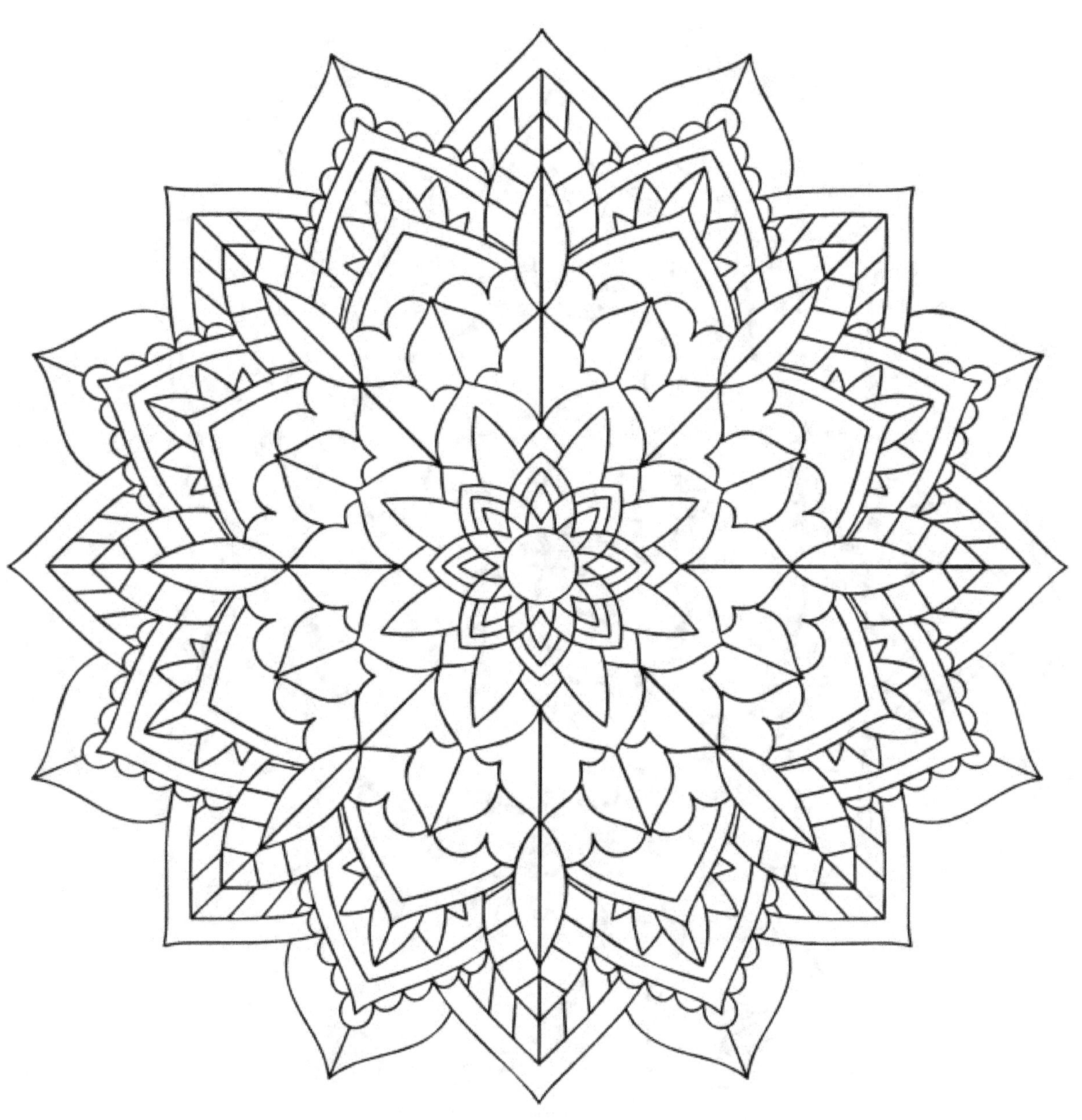

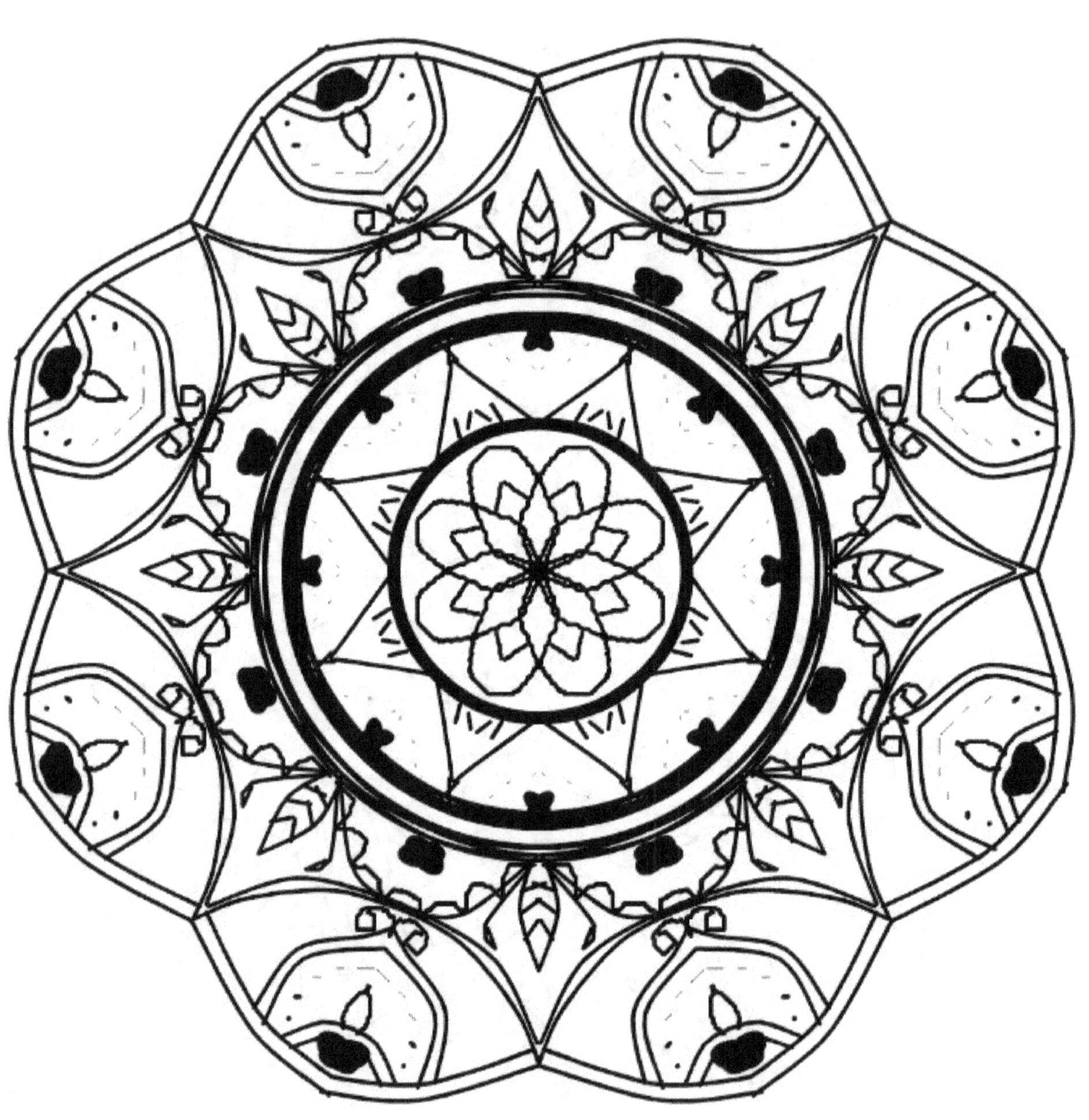

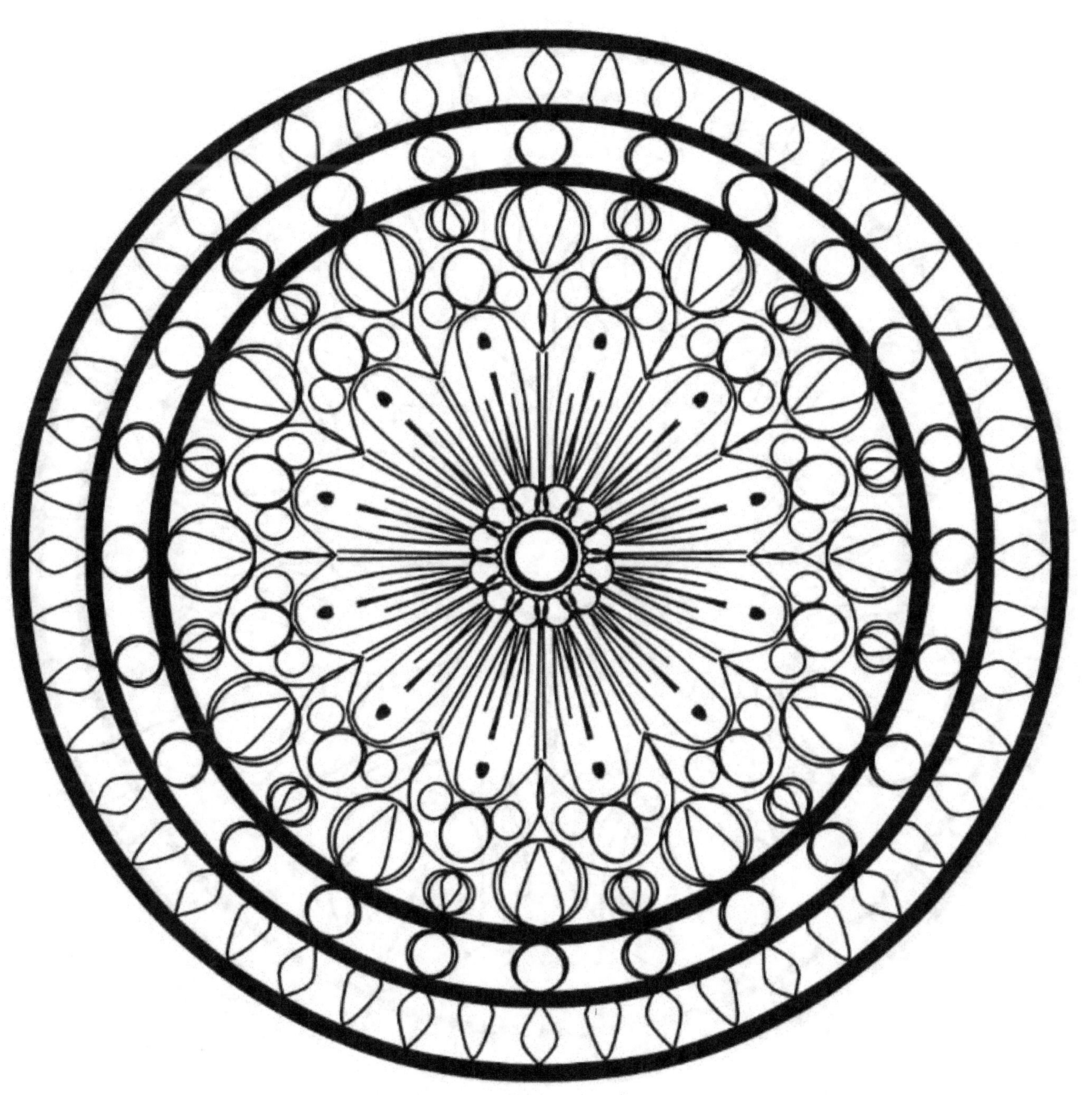

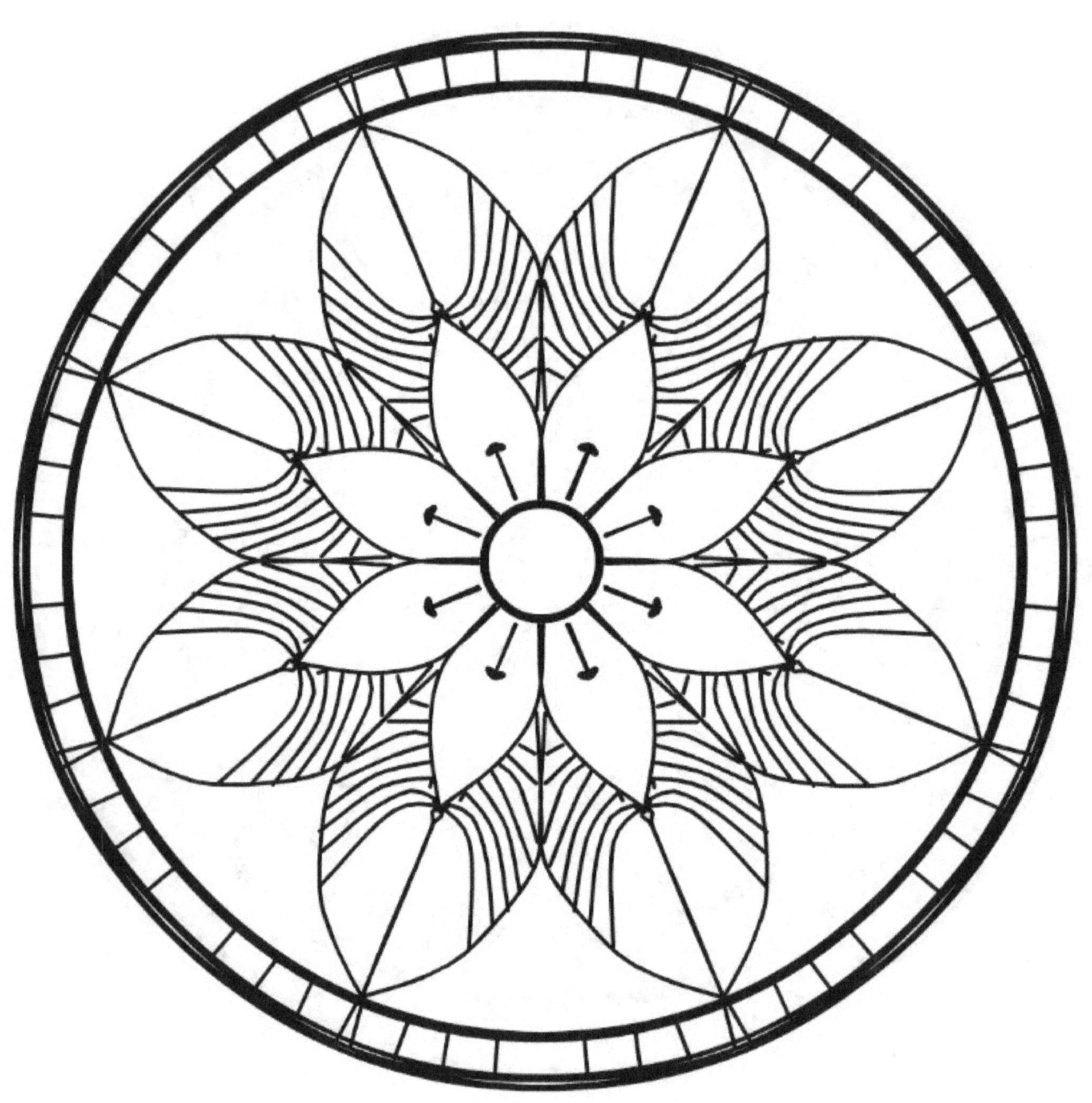

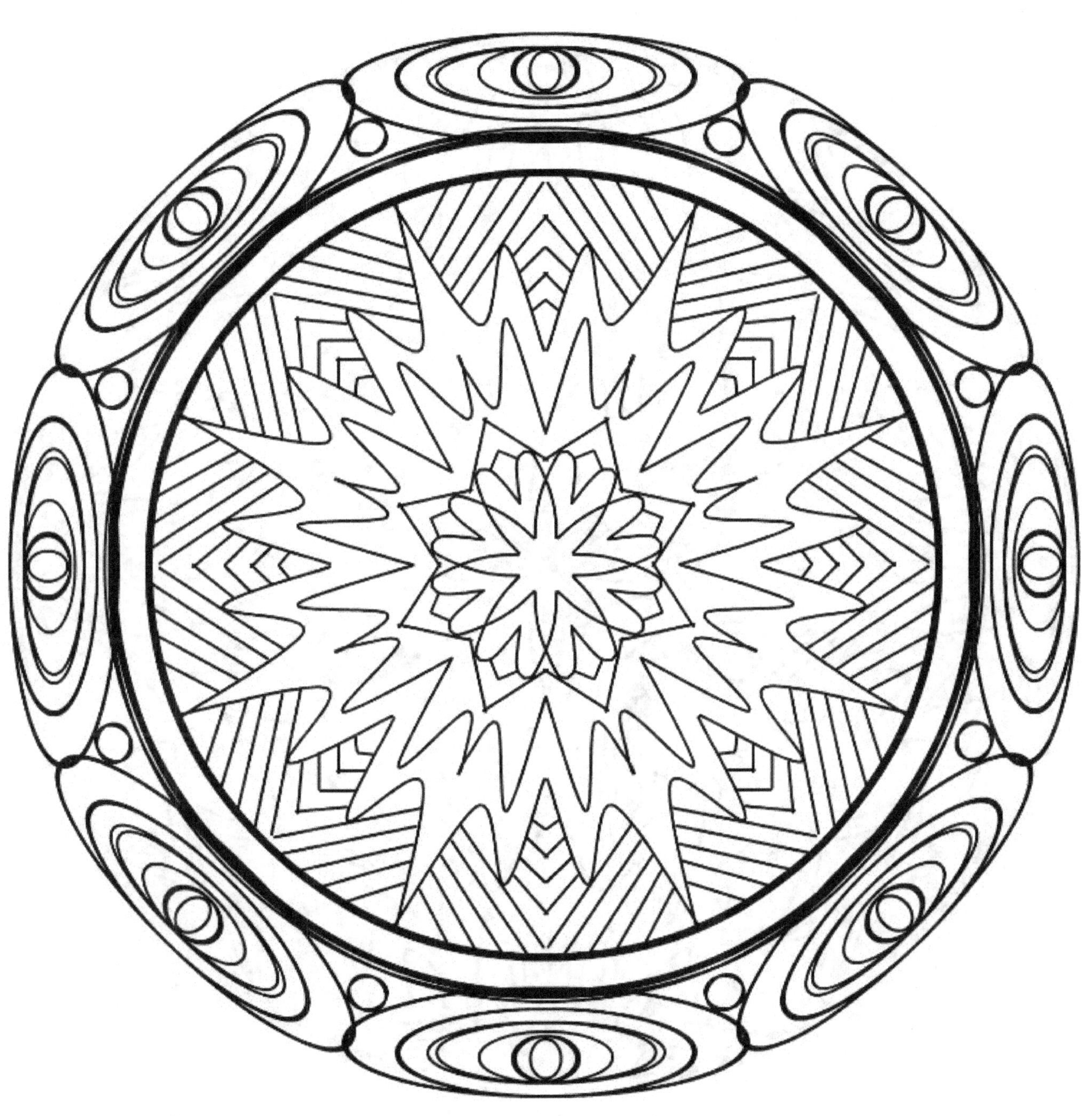

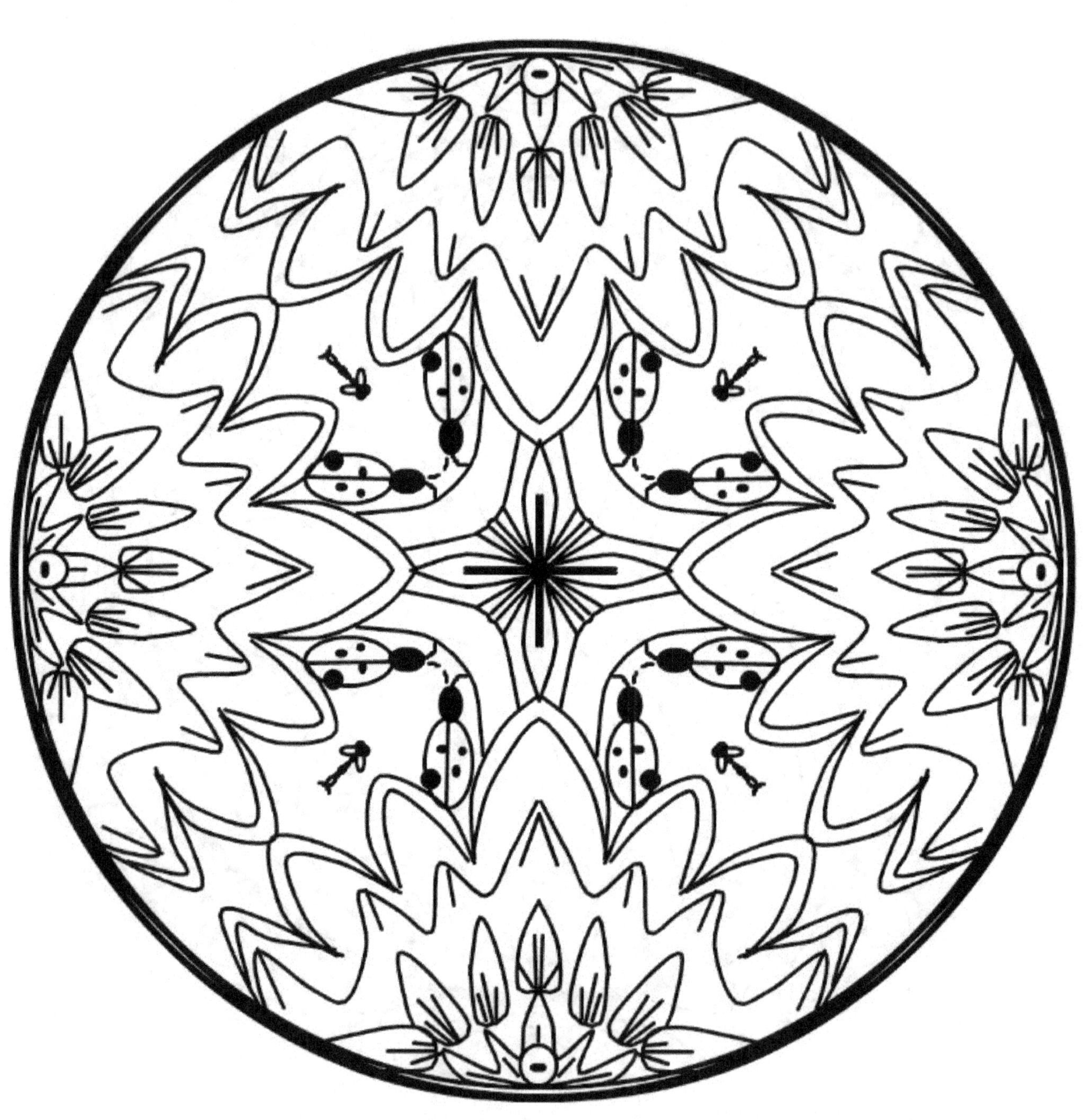

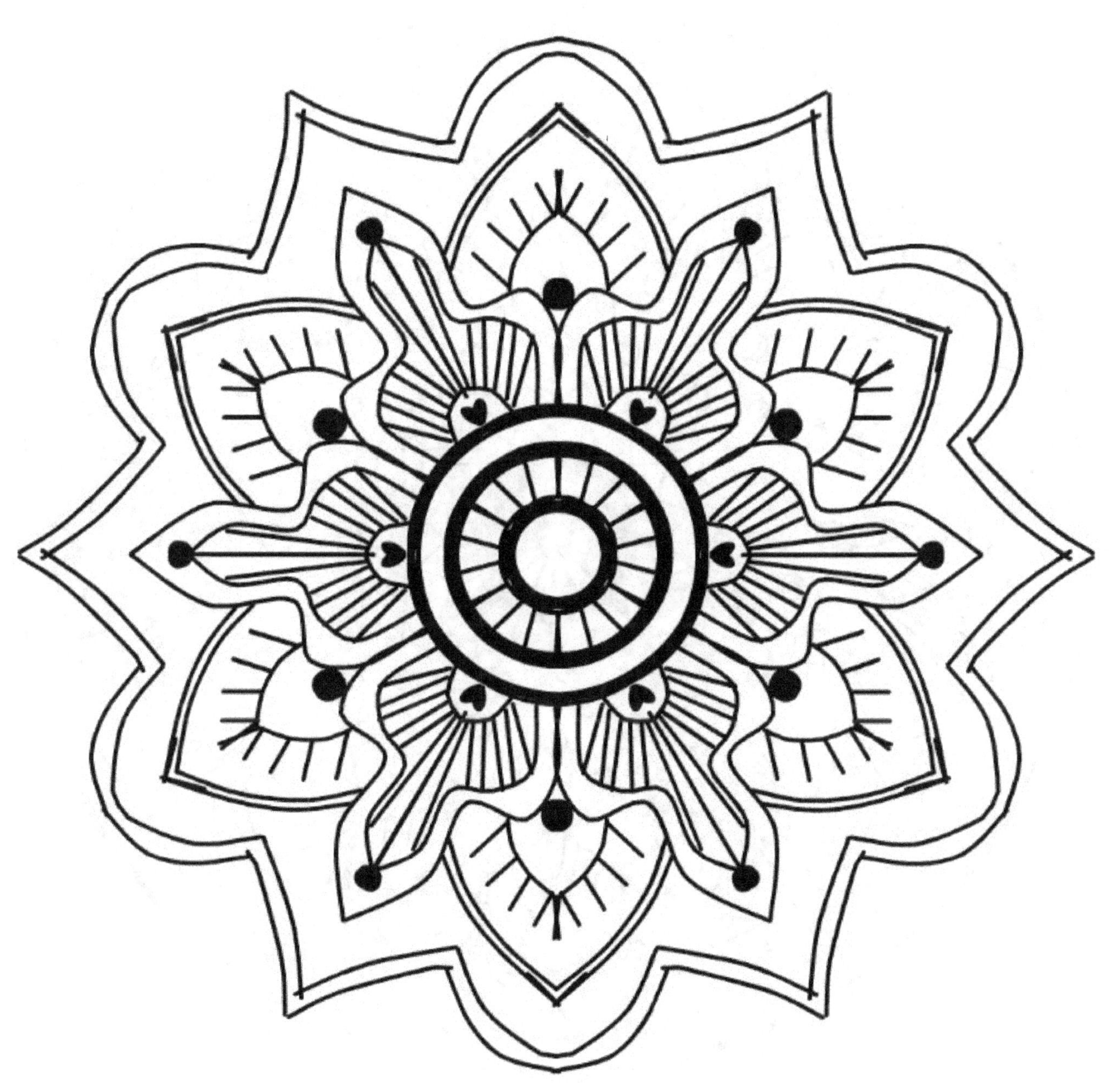

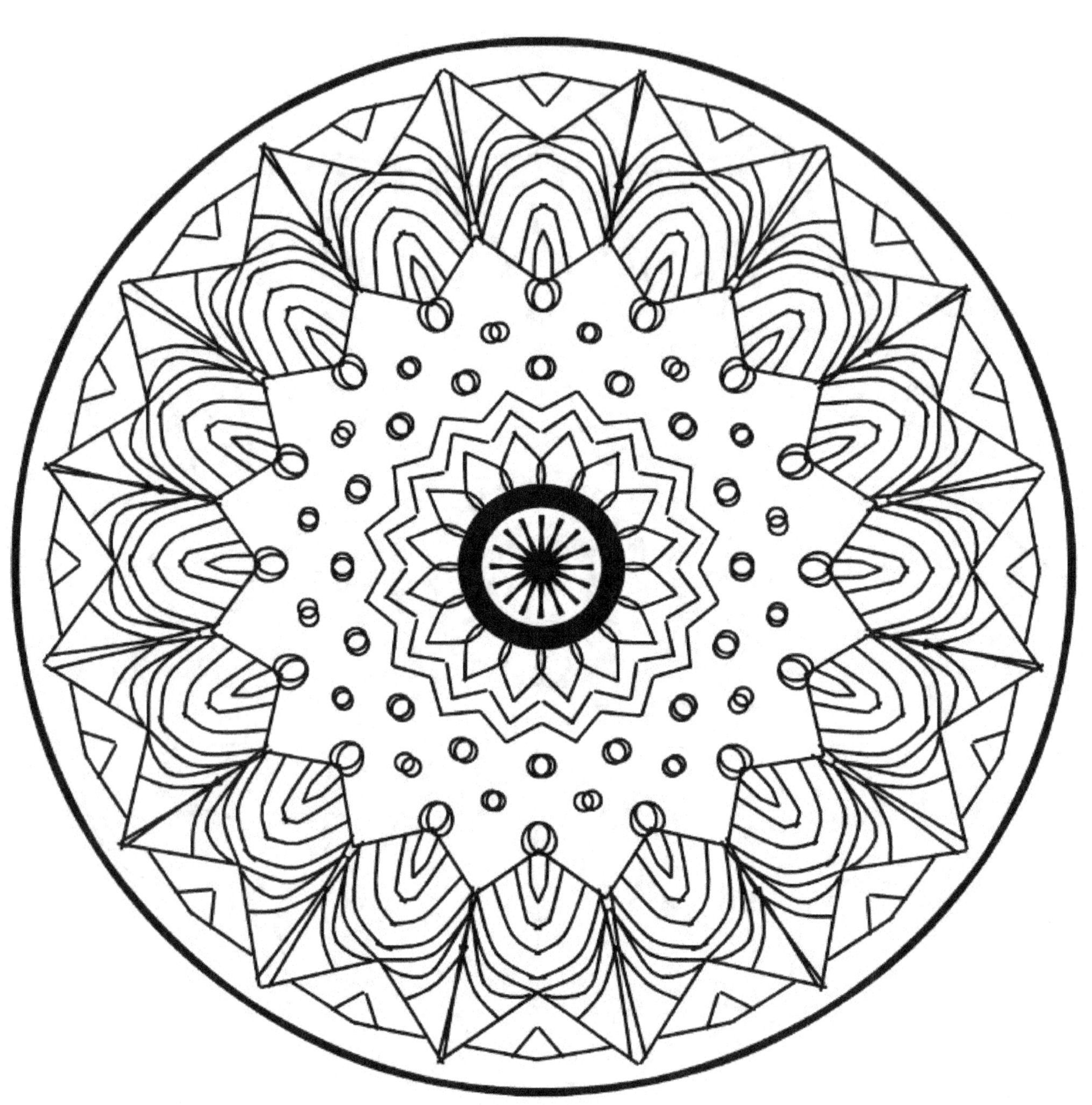

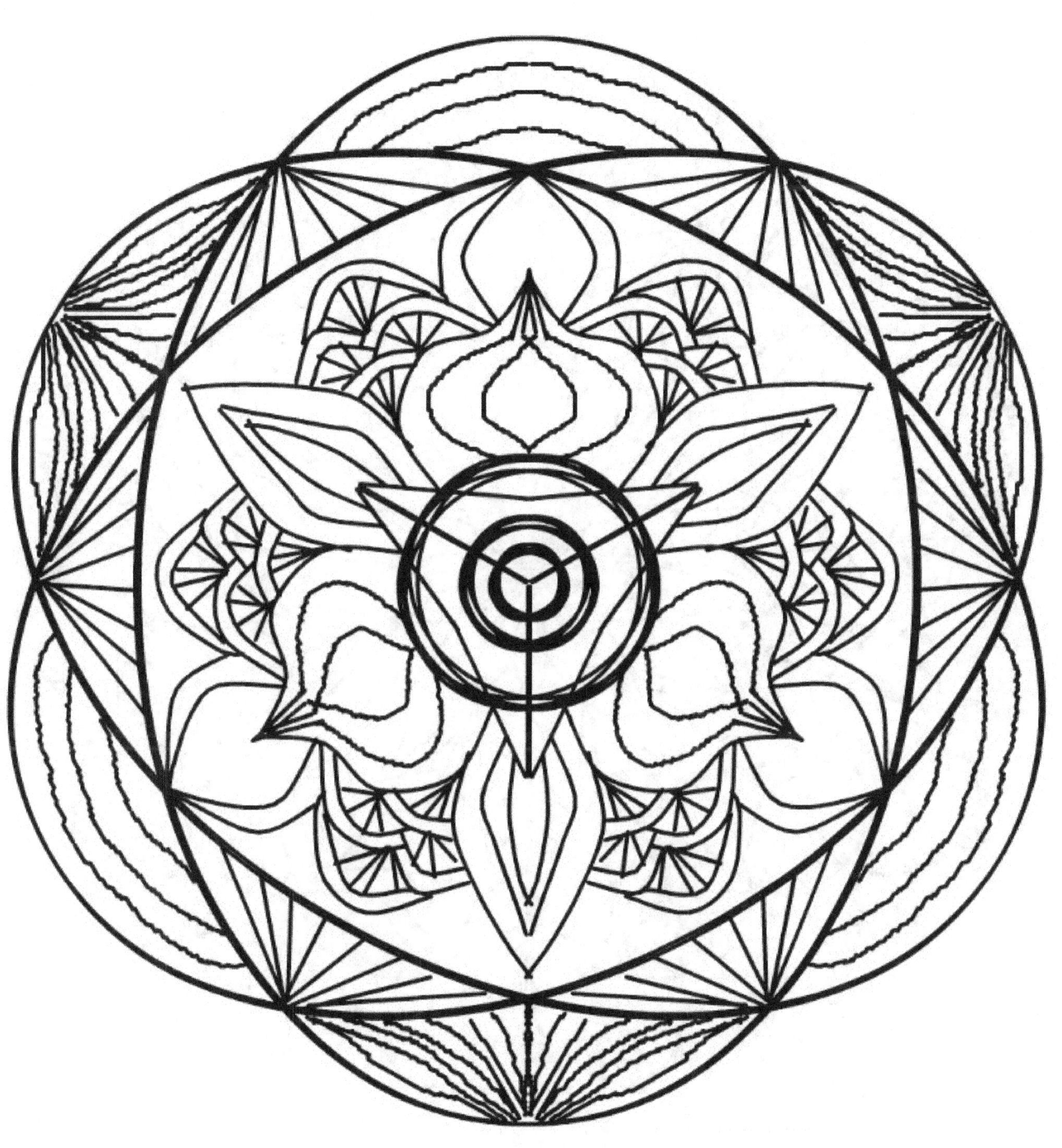

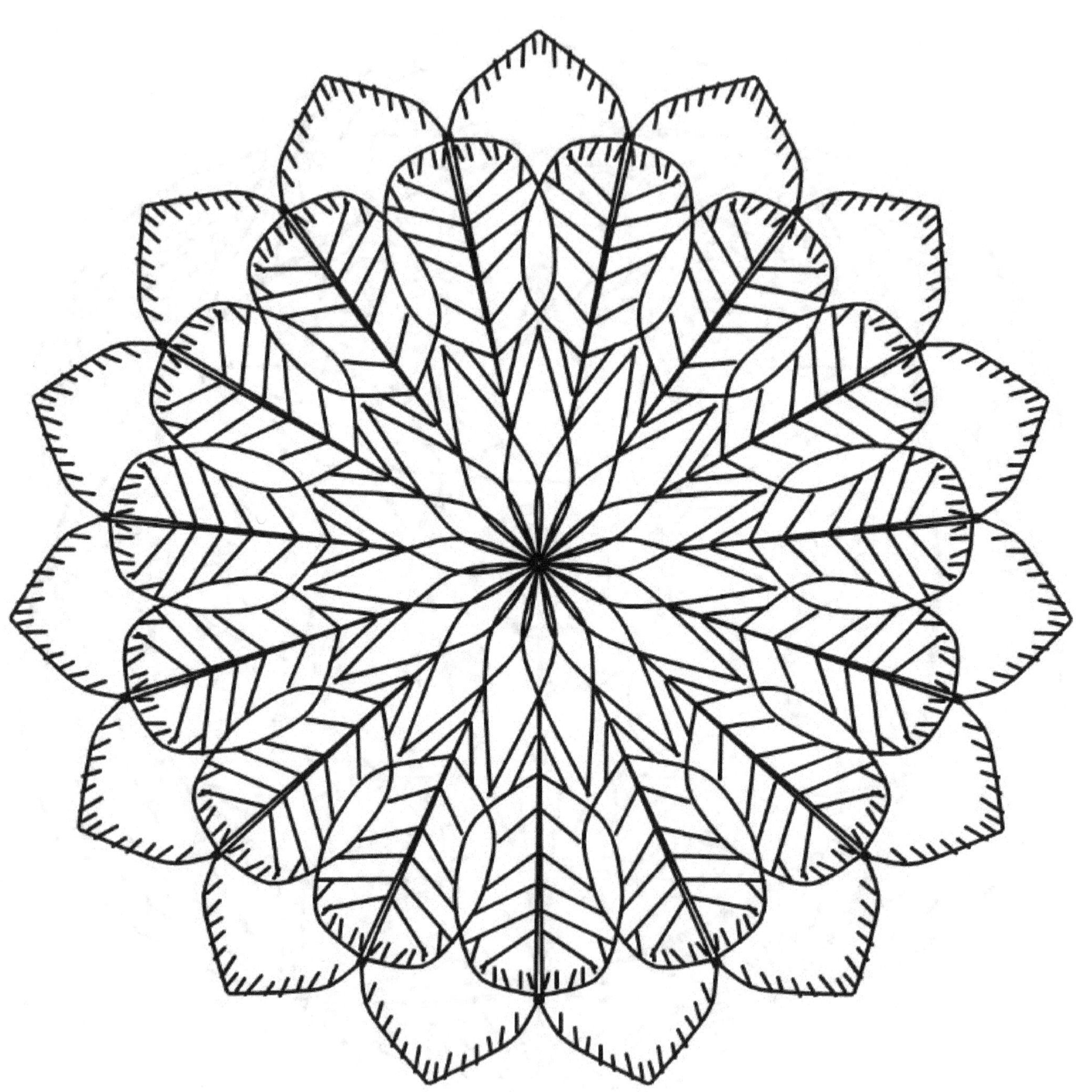

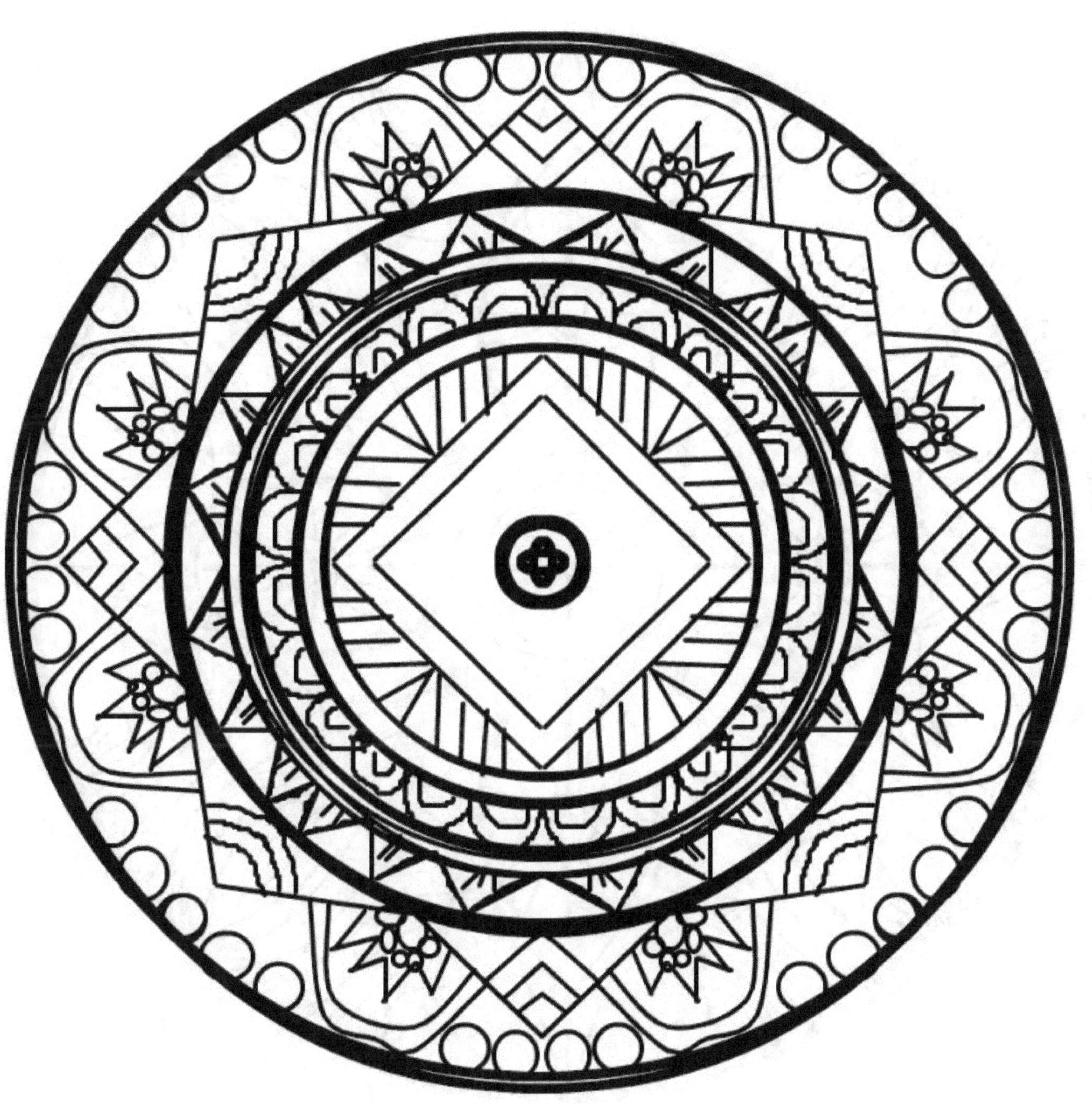

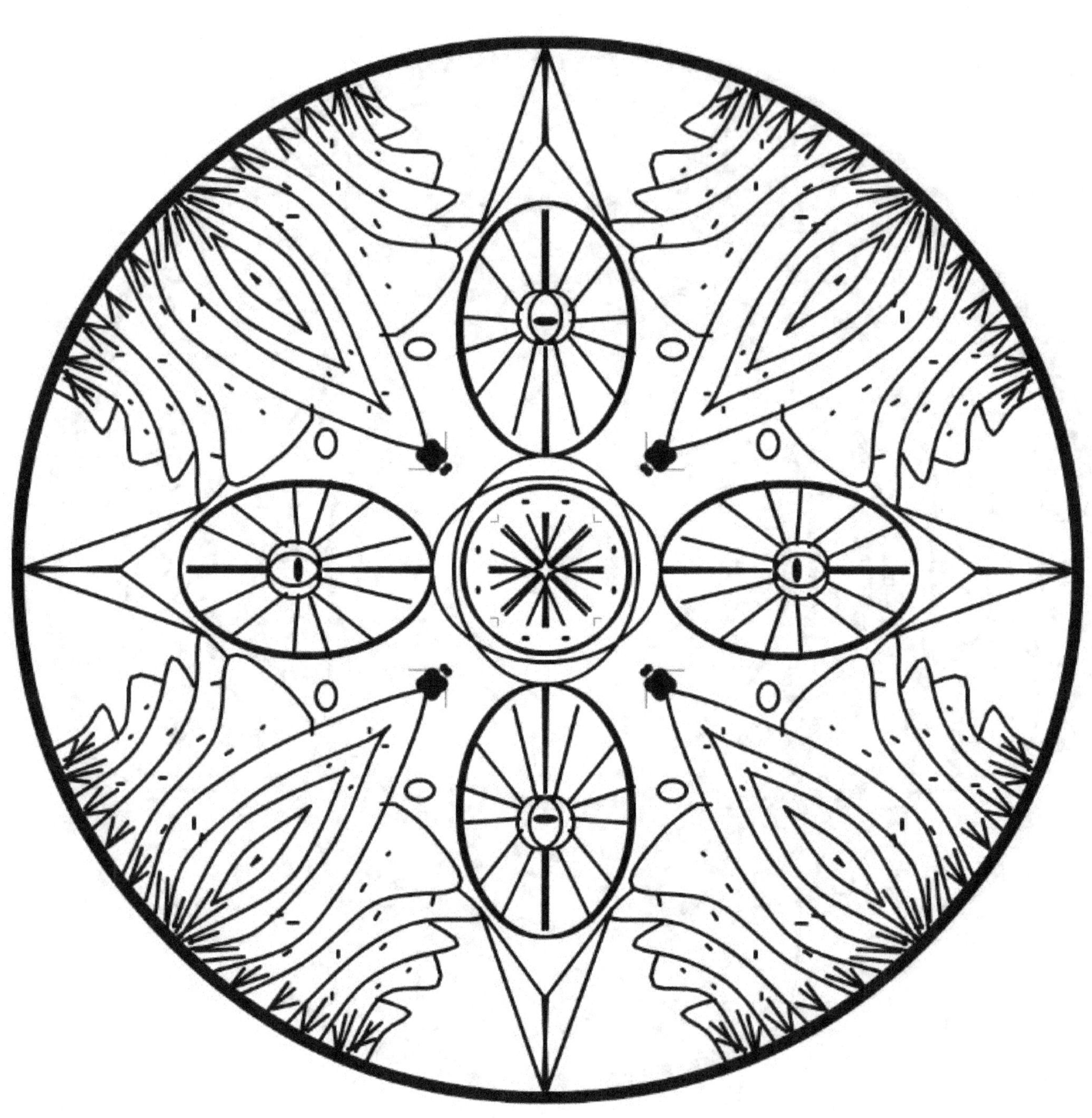

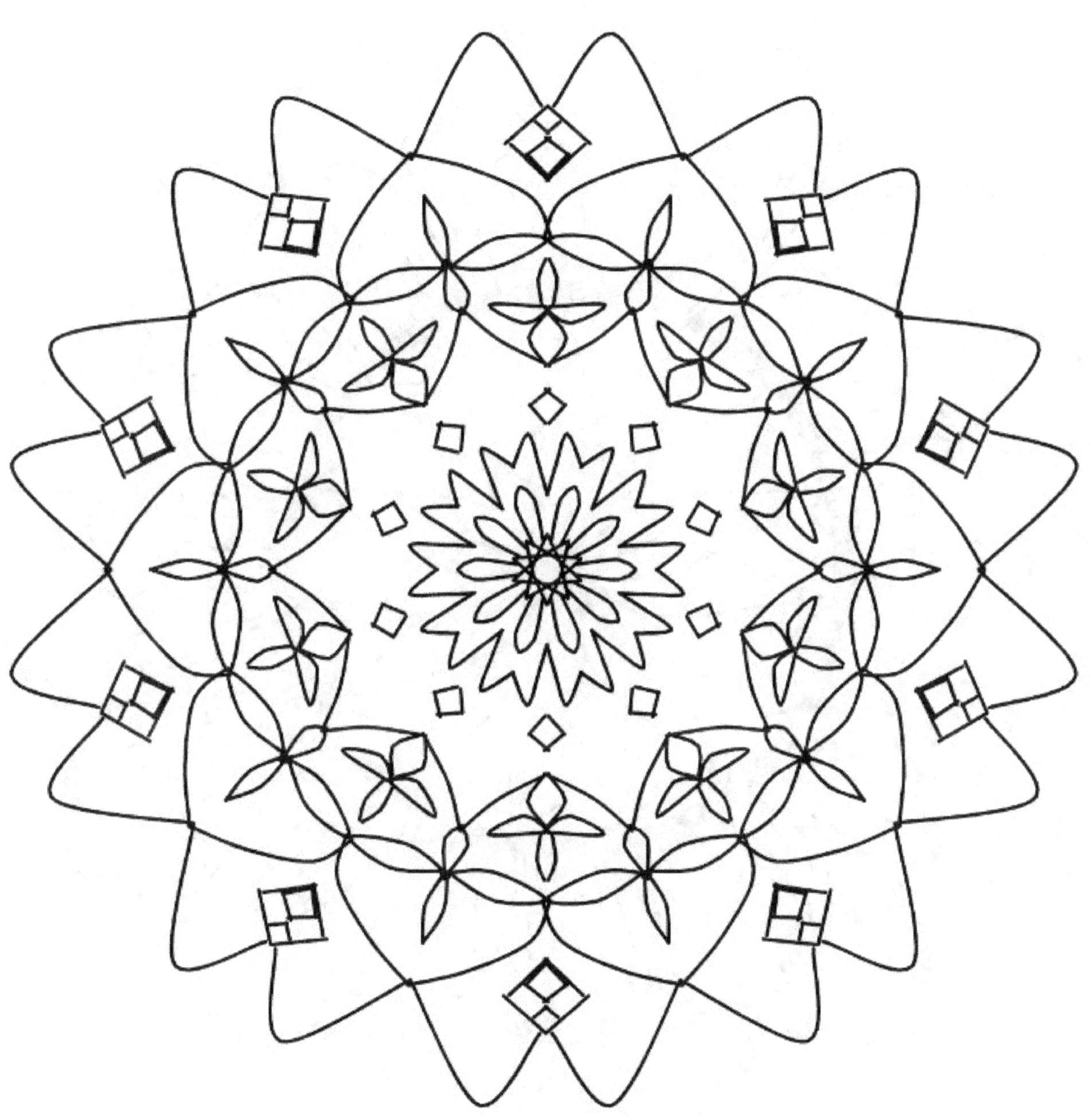

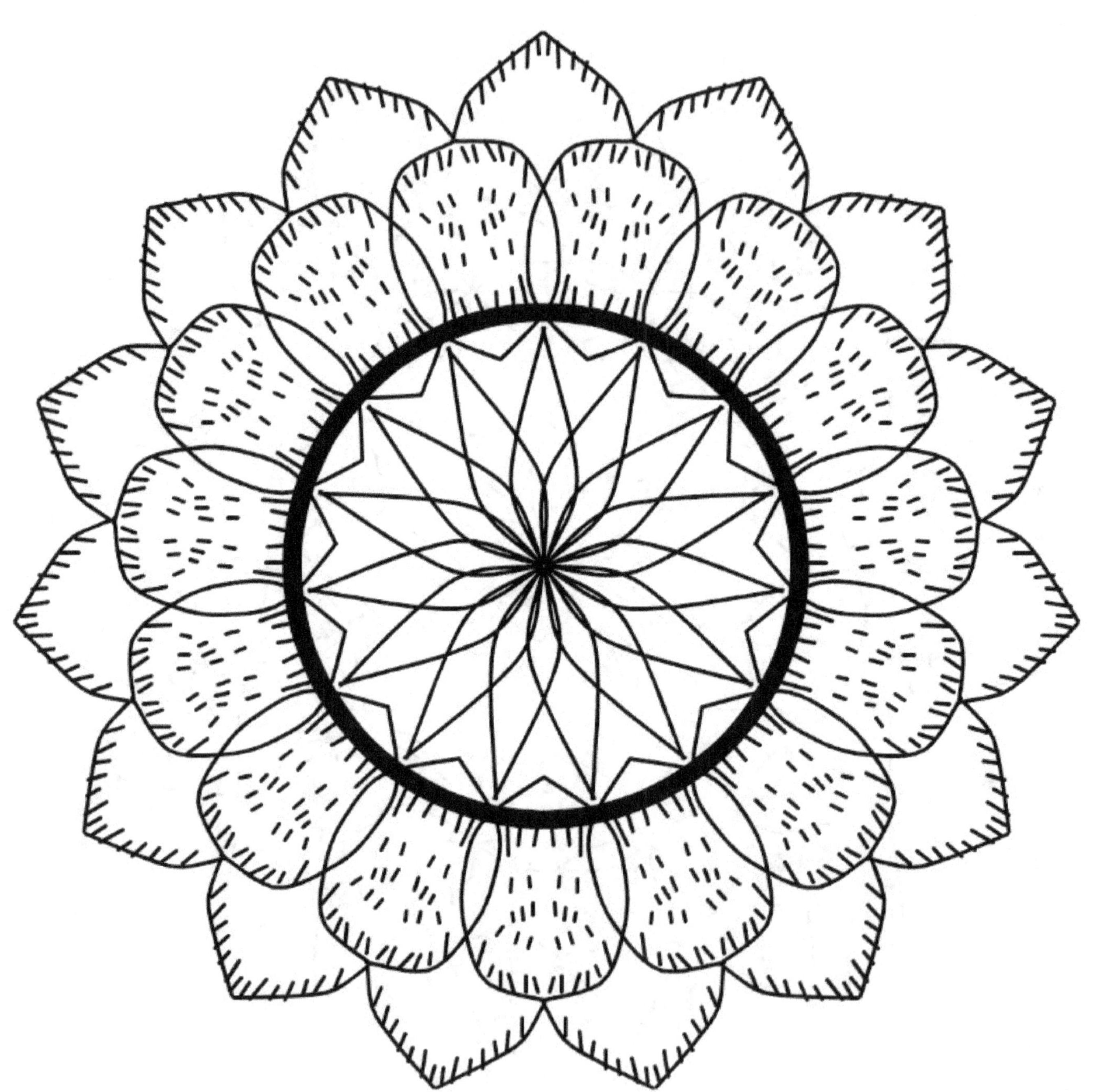

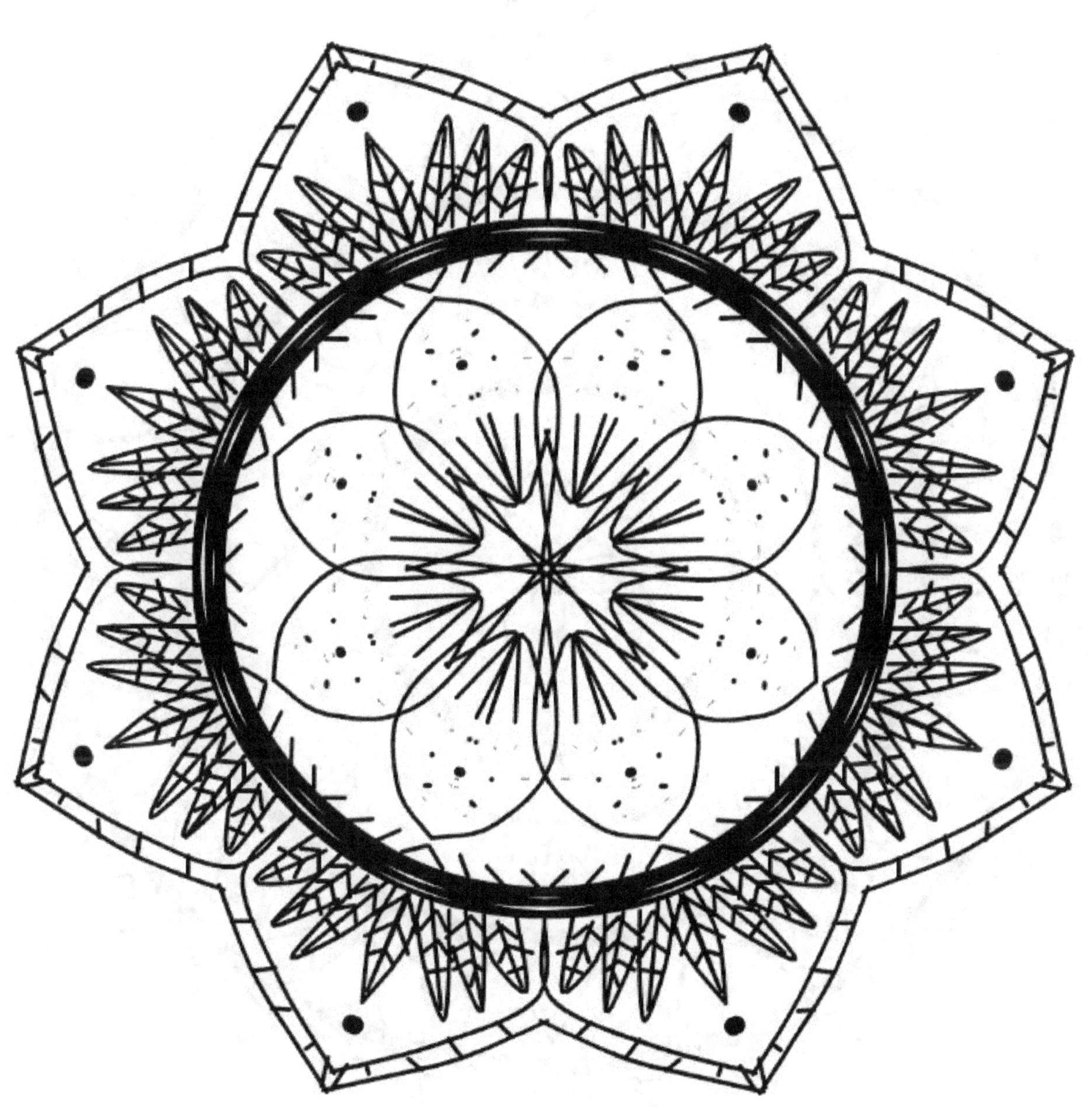

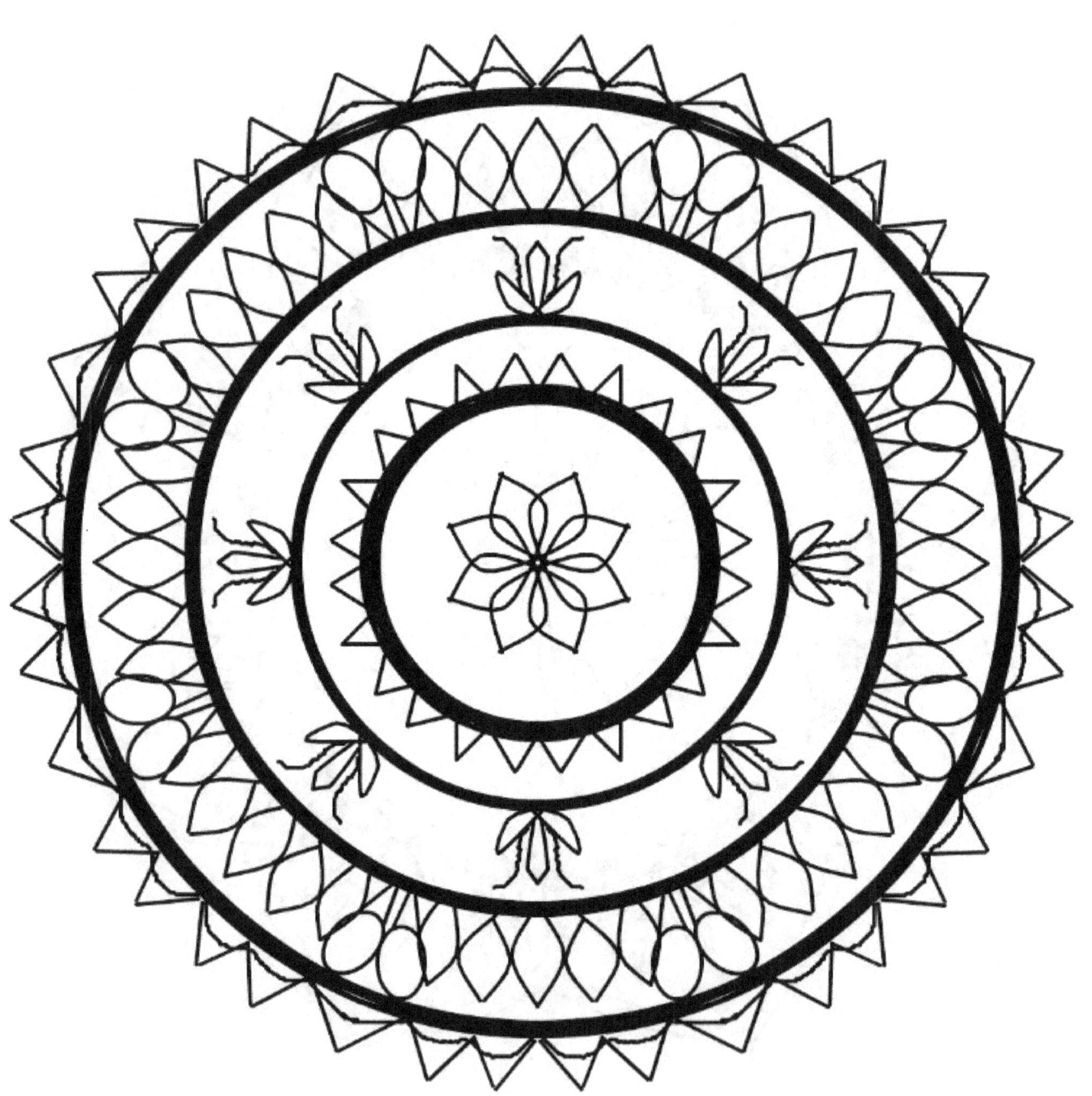

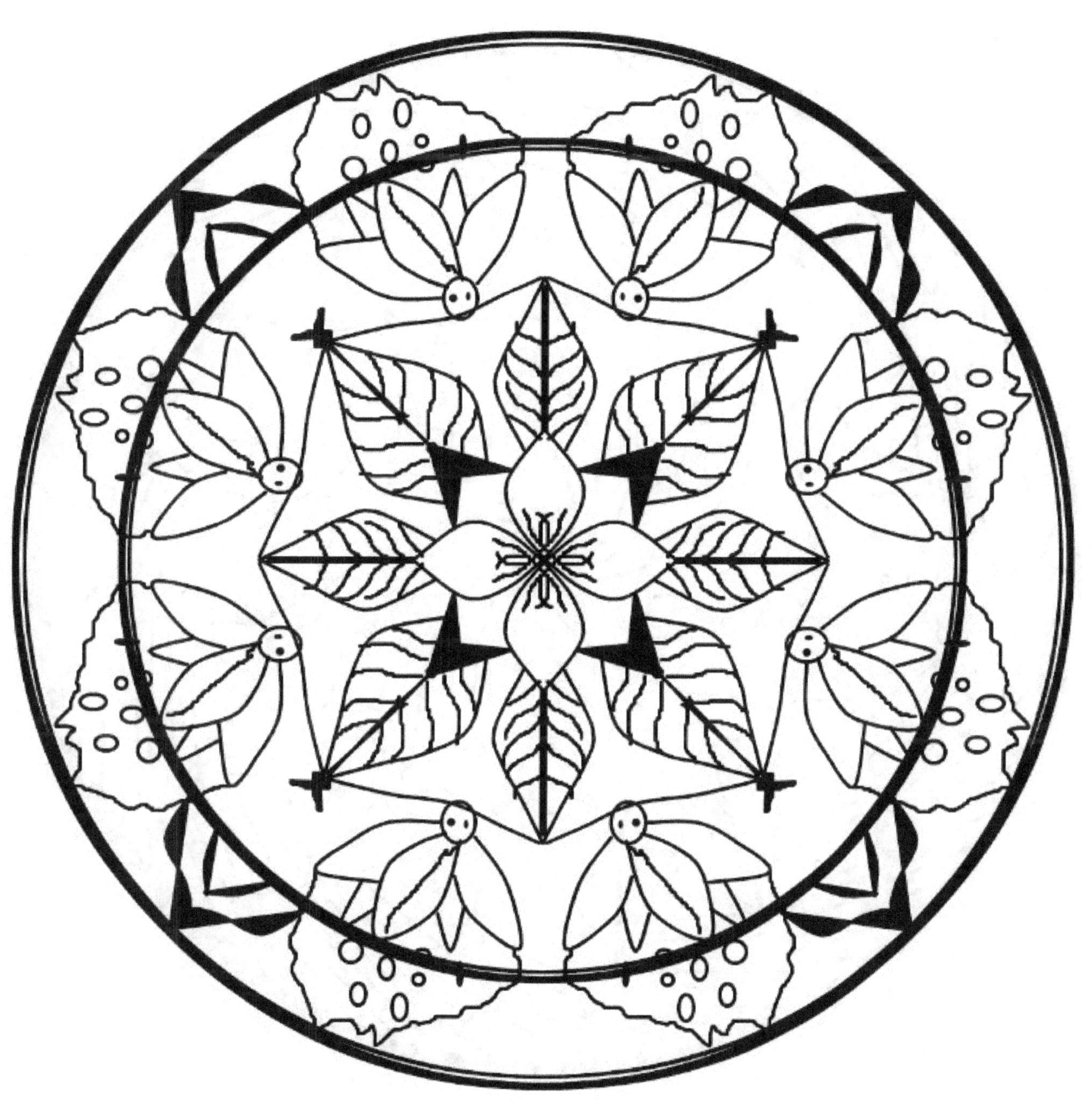

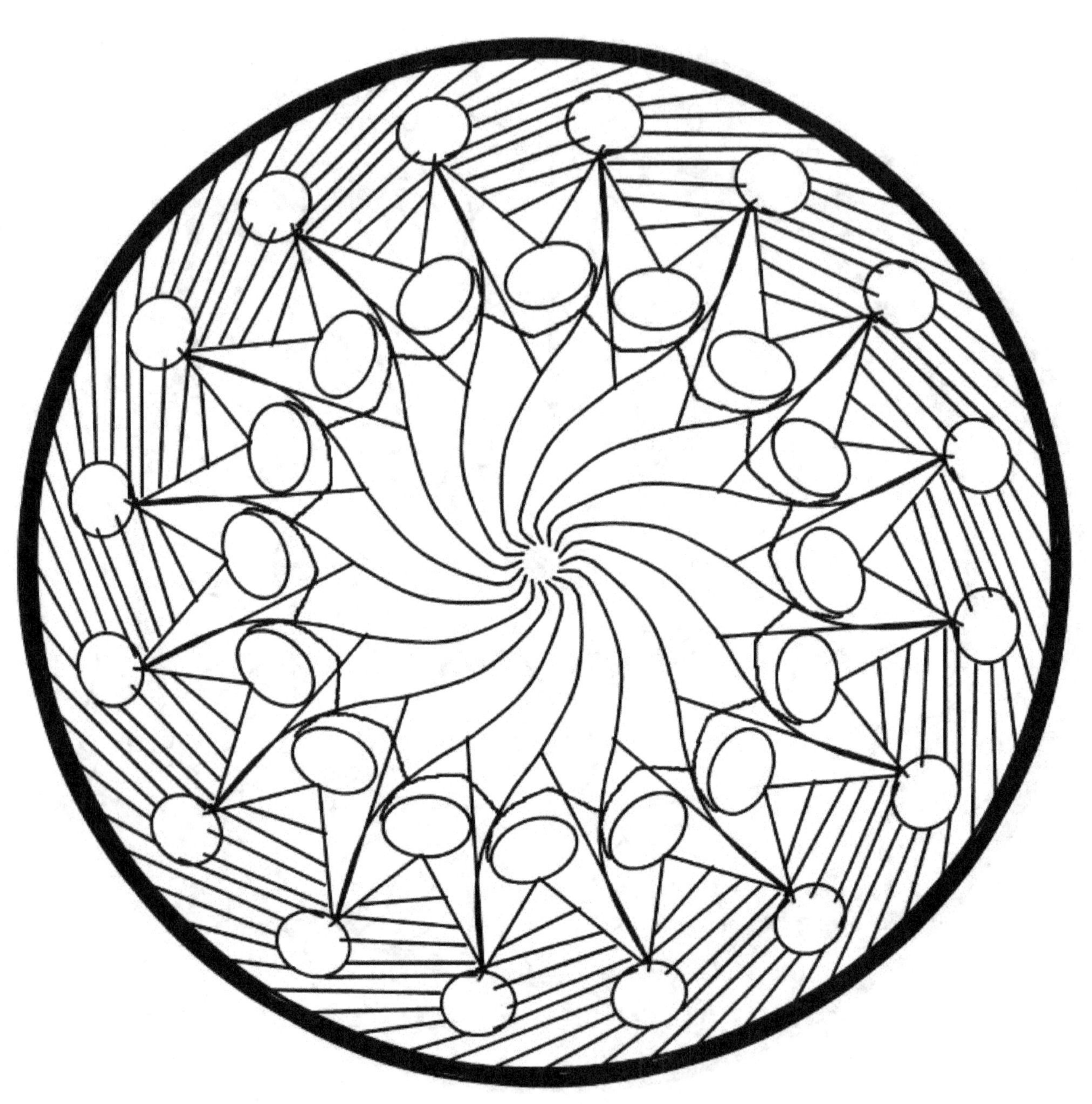

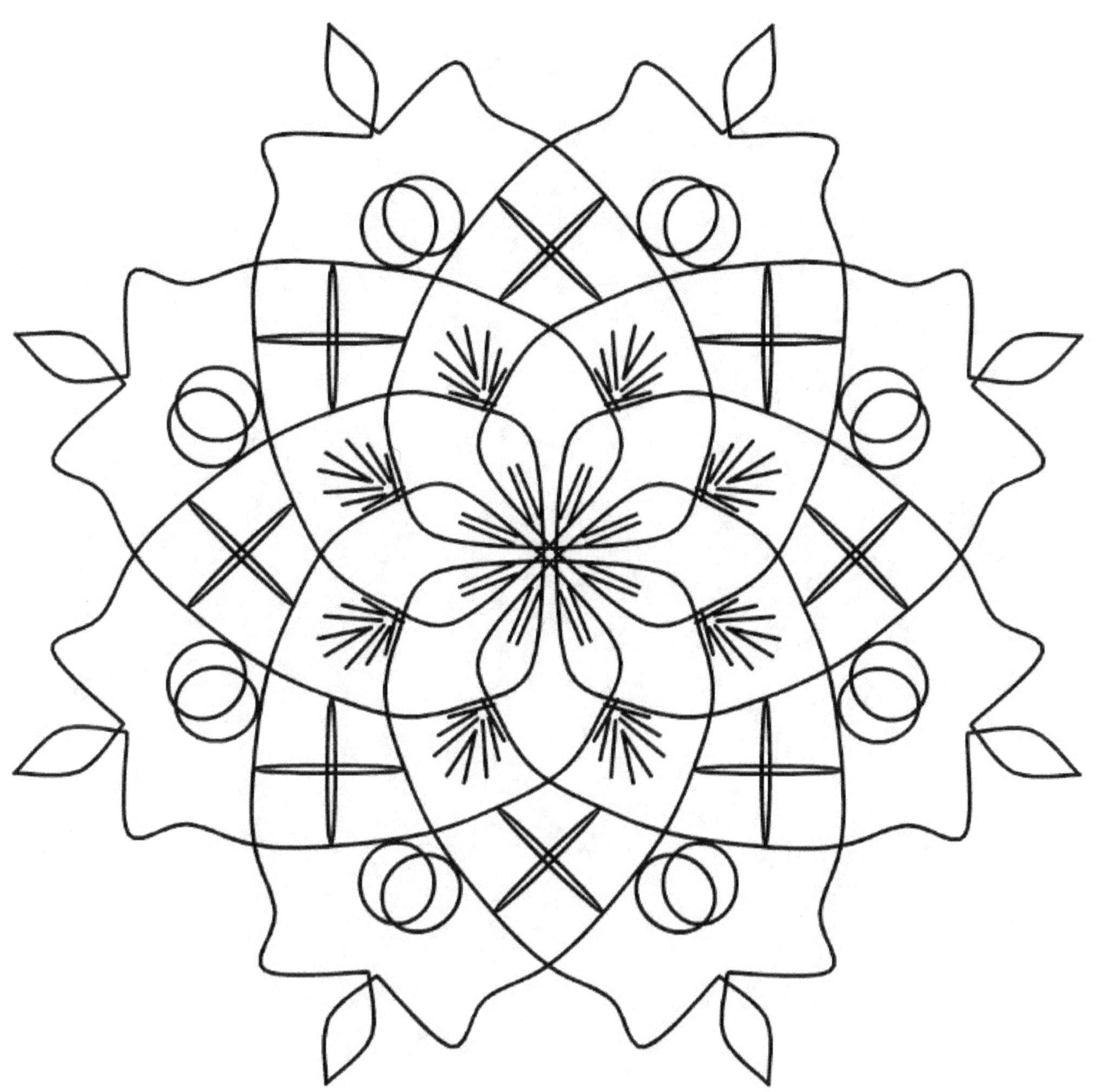

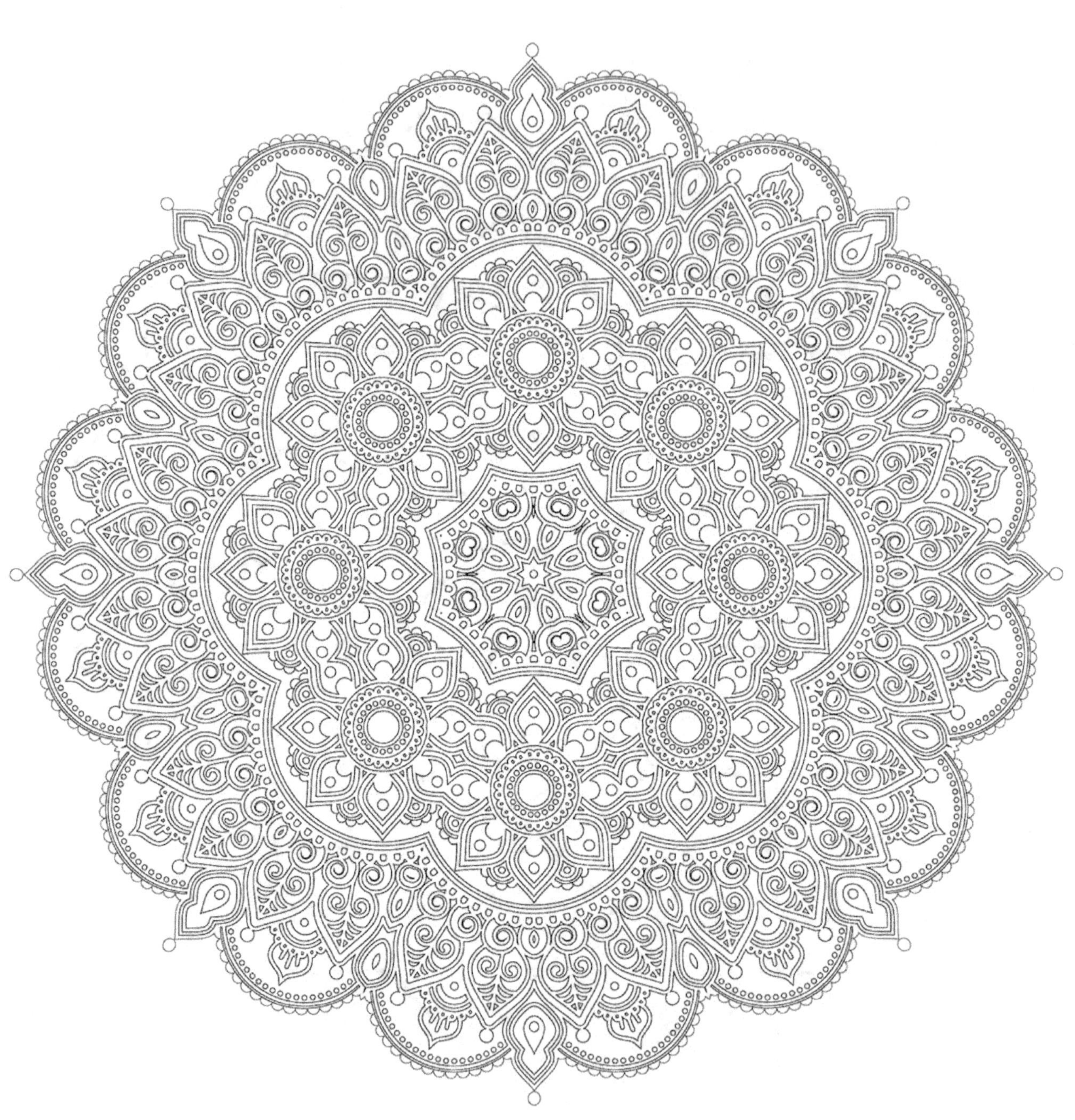

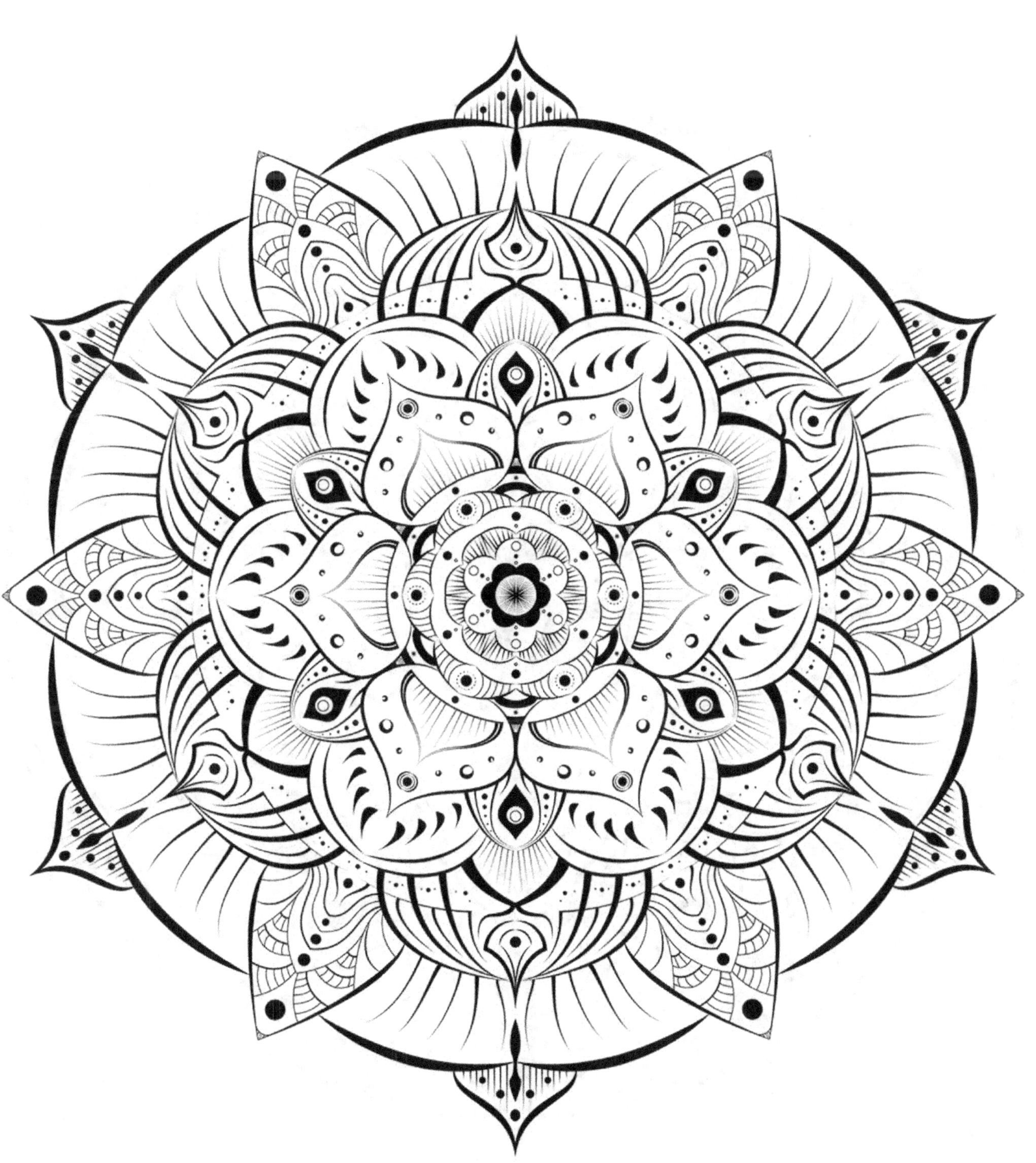

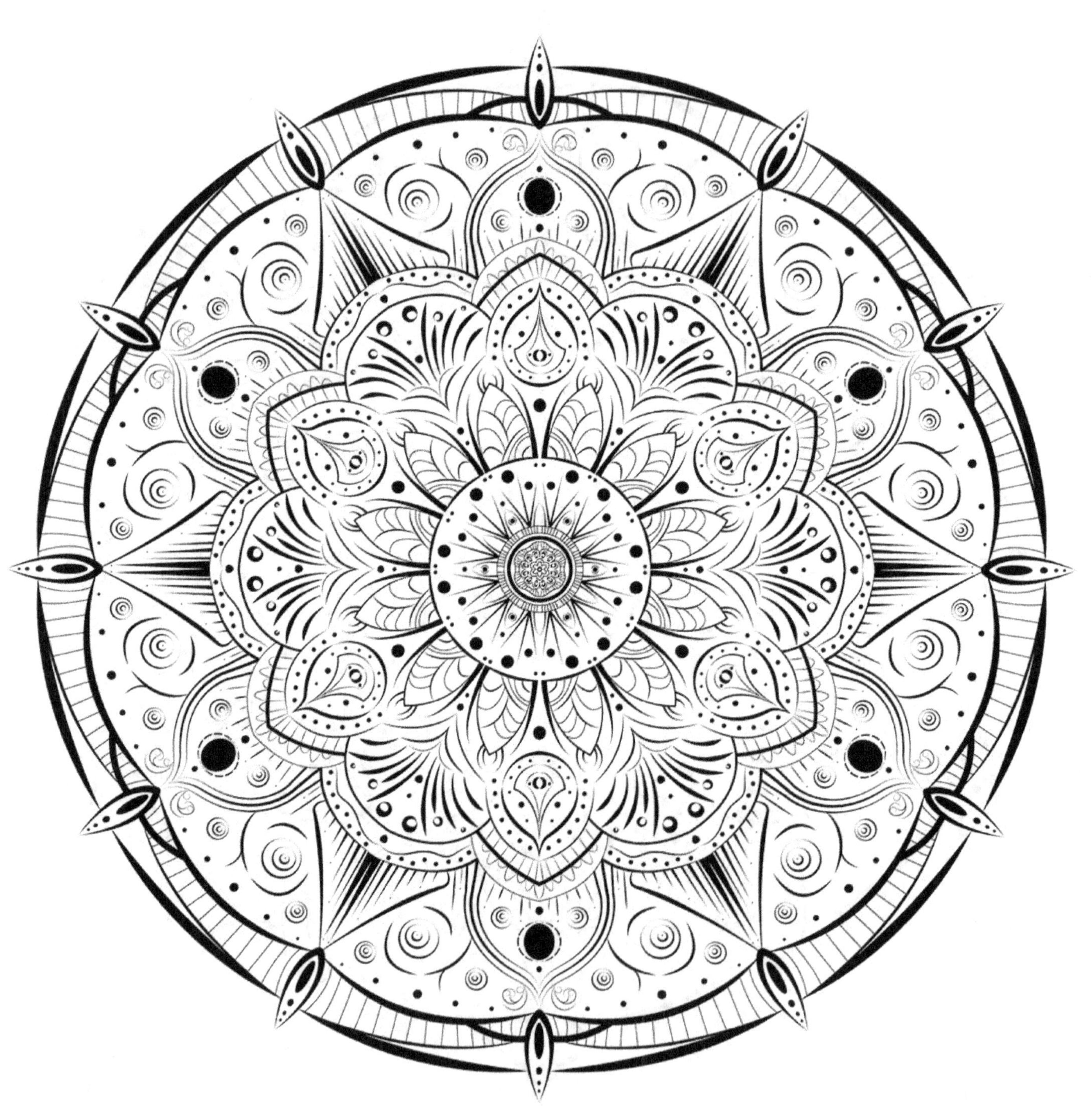

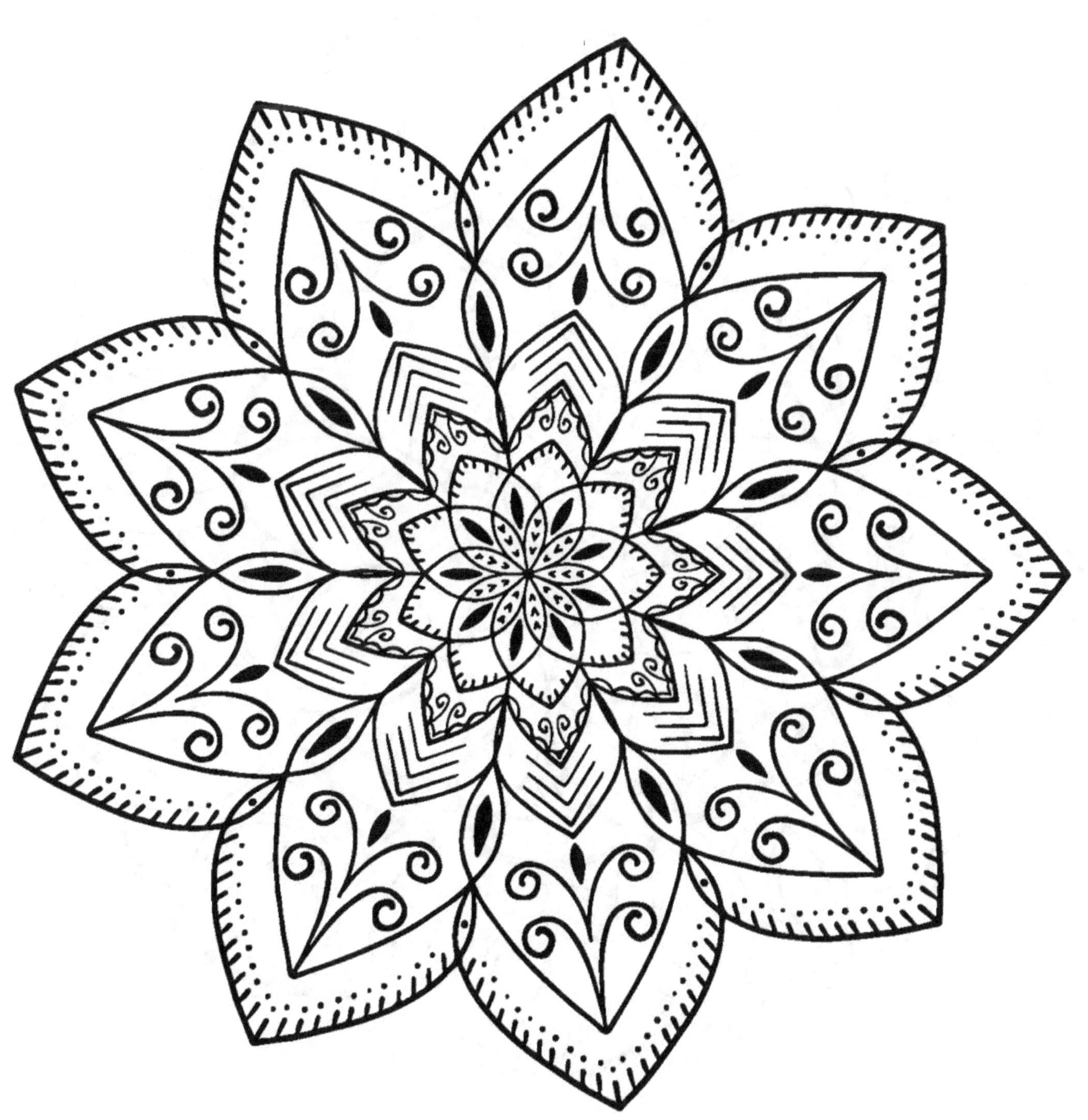

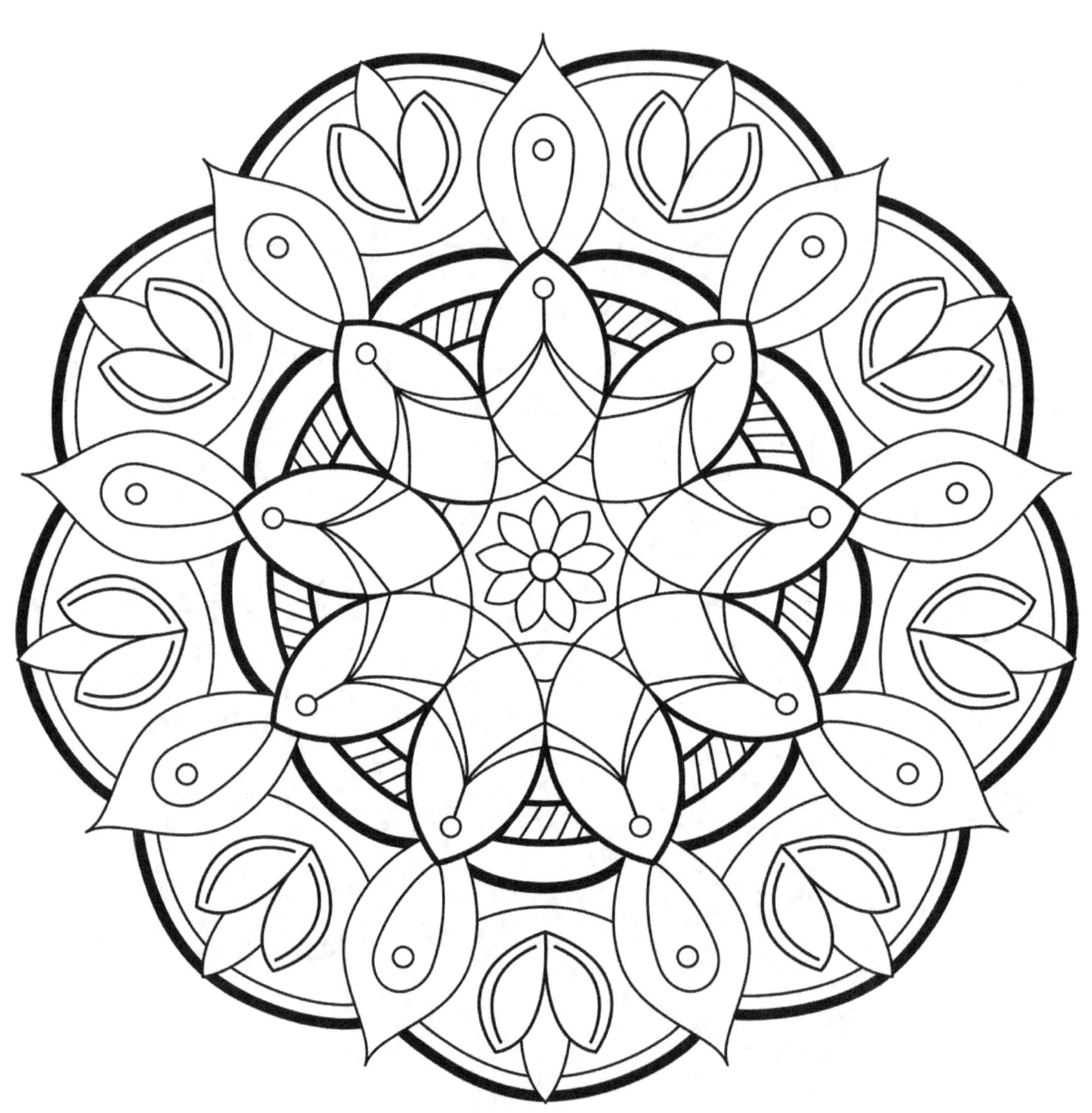

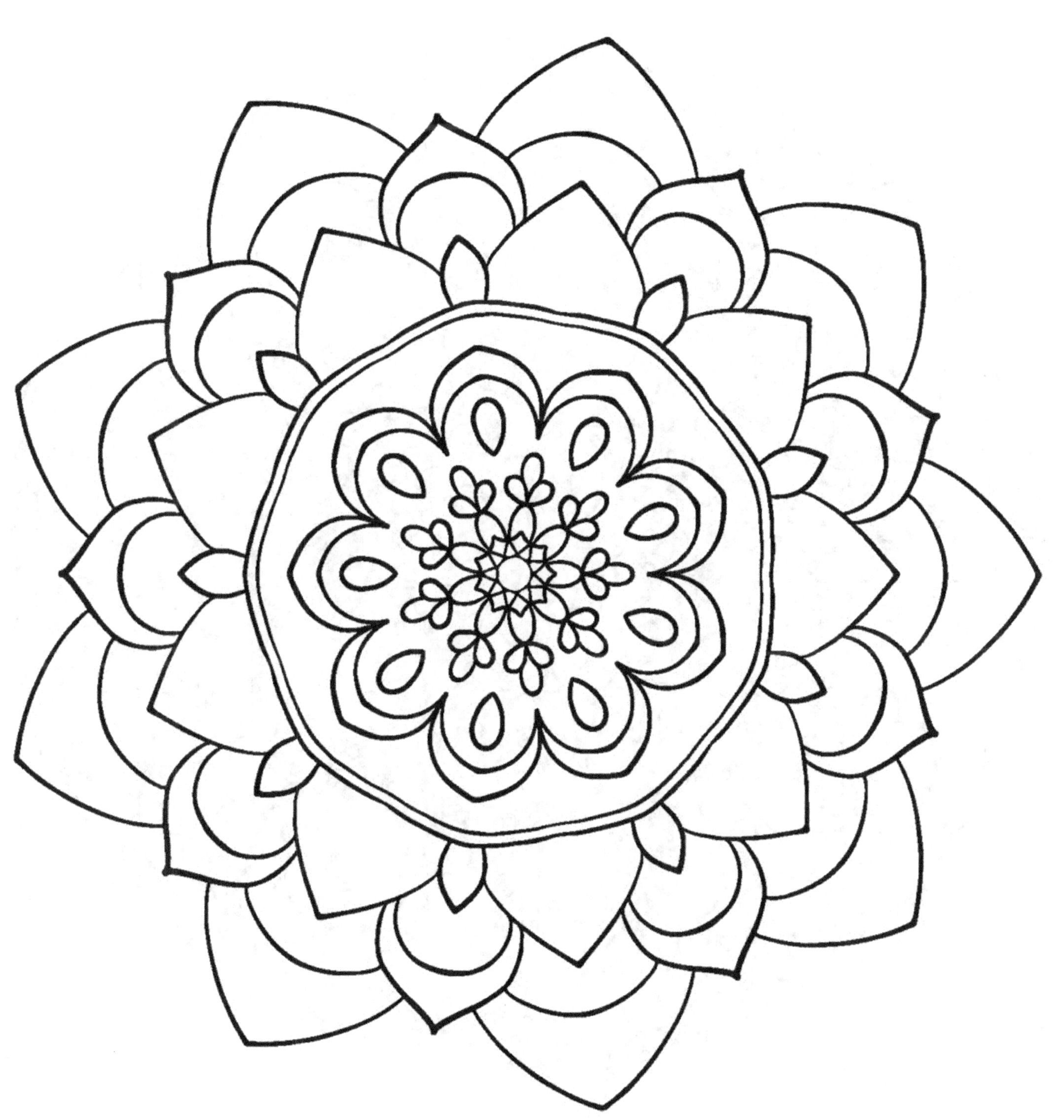

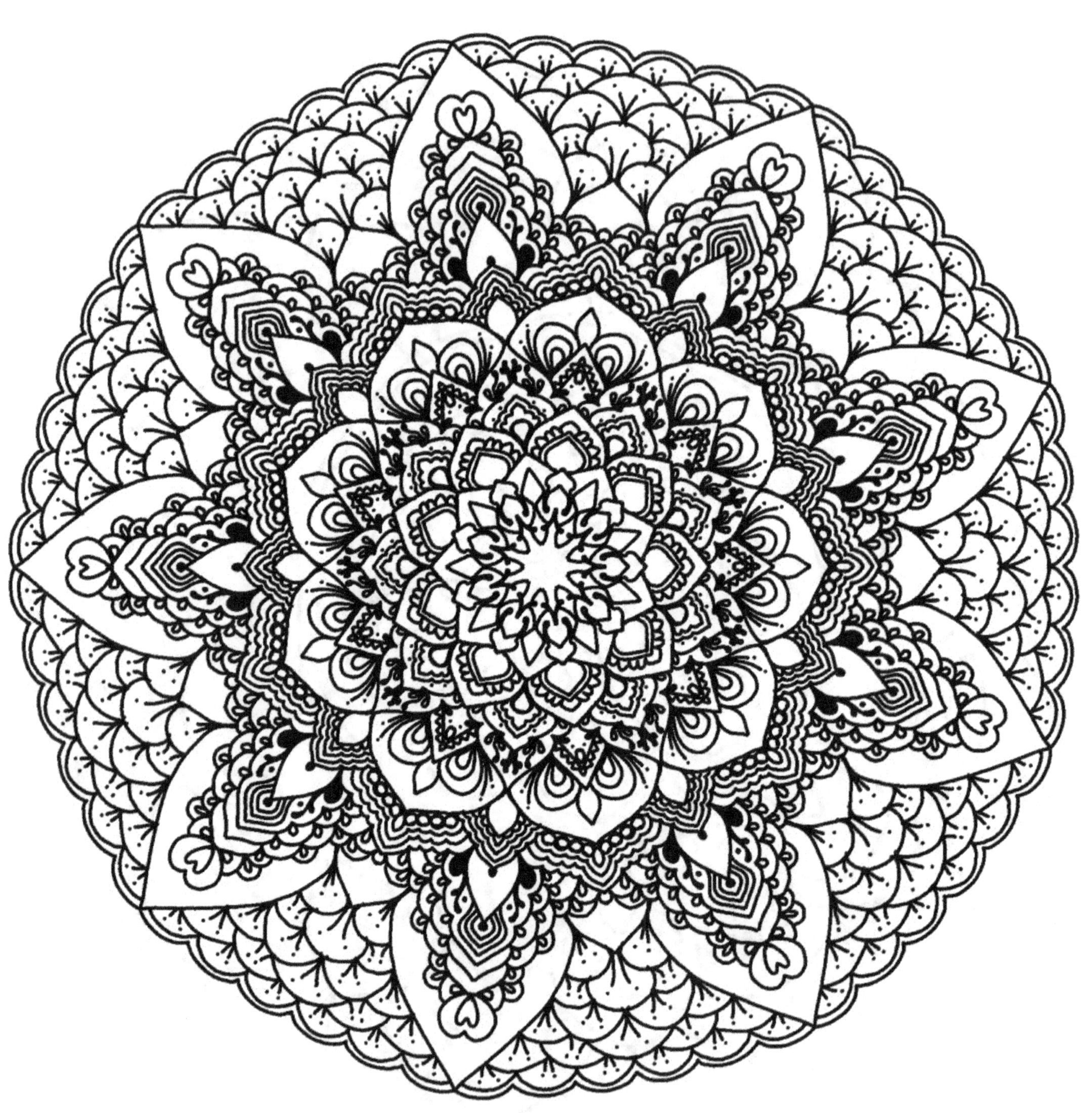

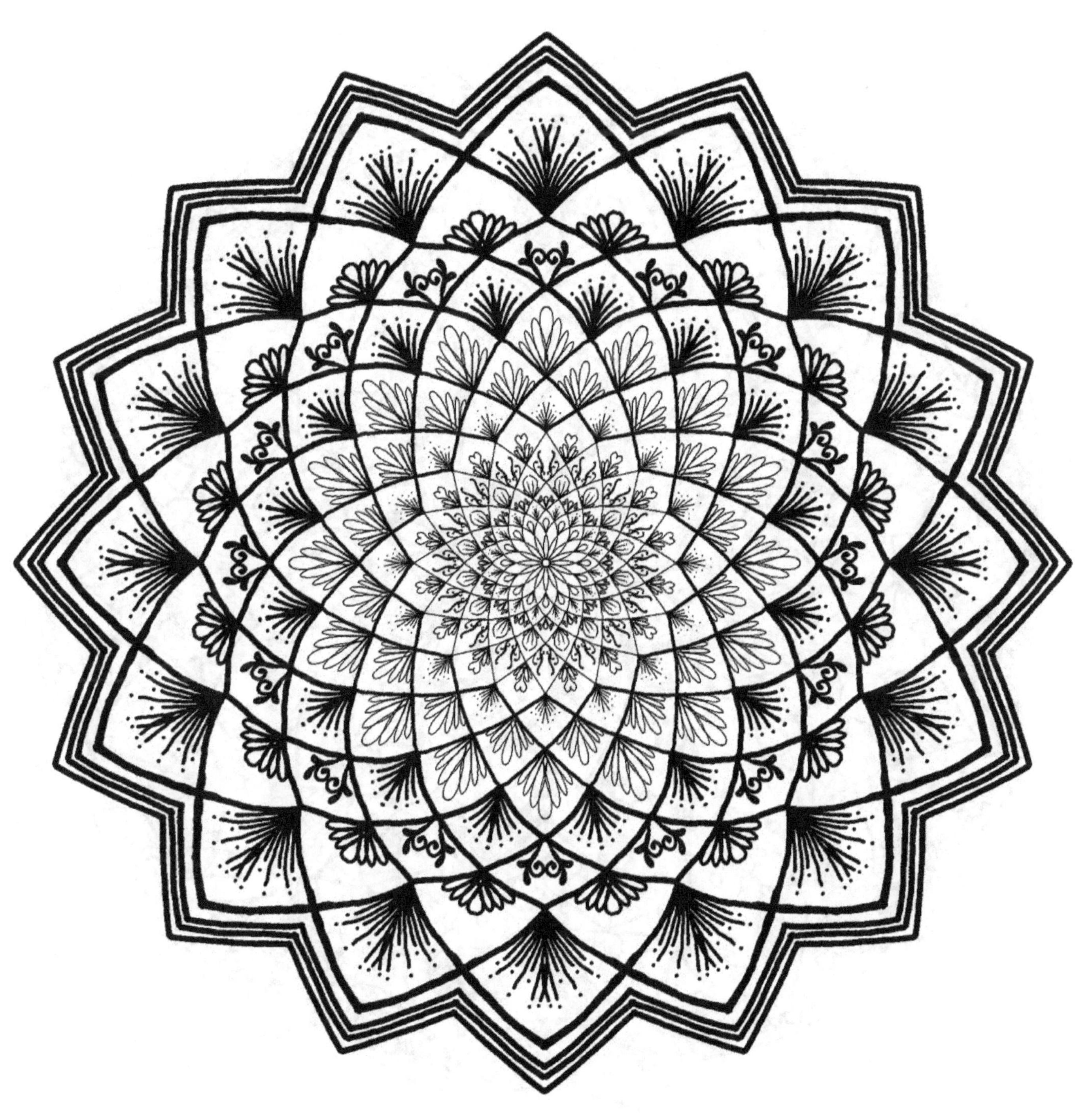

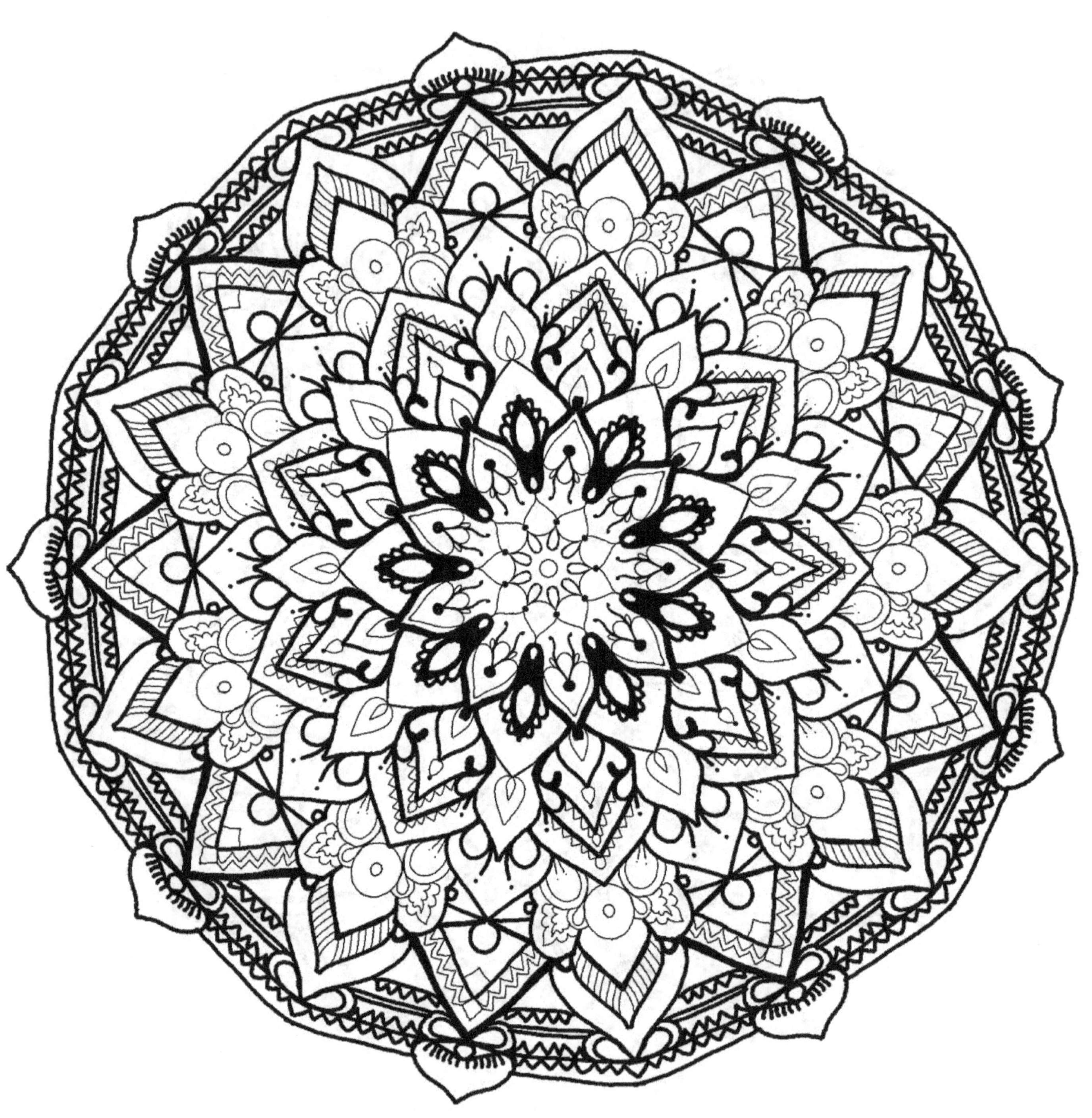

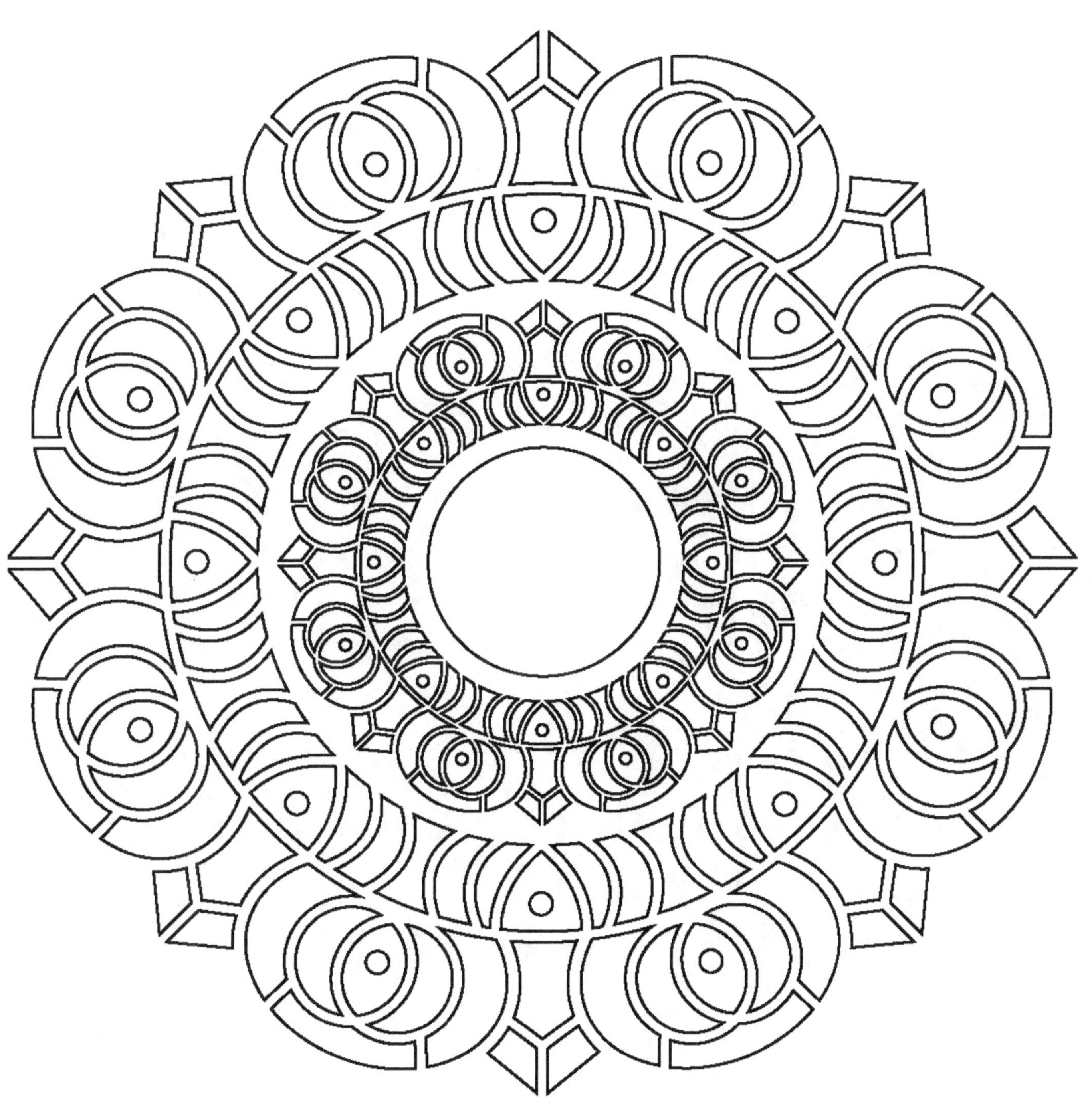